吉田松陰の「志」を今に継ぐ！

# 「松陰塾®」の挑戦

教えない
学習塾

ショウイングループ会長
田中 正徳



致知出版社

序章

# 何のために勉強するのか

## ◉公教育の大きな忘れ物

何のために勉強するのか――。

この問いにハッキリ答えられる学習塾がどれほどあるでしょうか。

恥ずかしながら、一九八〇年に兄と共に塾の経営を始めた私自身も、当初は明確な答えを持ち合わせていませんでした。もちろん子どもたちの成績を上げることは大前提ですが、教育を真剣に追求していくとどうしてもこの問題に突き当たるのです。

本書では、私が半世紀近くにわたる教育人生を通じて掴《つか》んだその答えを、独自に確立した学習システムを交えてご紹介してまいります。

私は現在、学習塾「松陰塾《しょういんじゅく》®」をFC展開するショウイングループの会長を務めています。子どもたちが自ら進んで勉強する自立学習と、人間としてよりよい生き方を追求する徳育を両輪とする独自の指導法が実を結び、おかげさまで現在全国約三百か所、約九千名の小中学生に学んでいただいています。

生徒集めに汲々《きゅうきゅう》とした草創期を乗り越え、塾運営が軌道に乗ってきた頃、子どもたちからさかんに突き付けられたのが、冒頭に記した疑問でした。

**「どうして勉強しなければいけないの？」**

子どもたちのこの素朴な疑問に、国はどのように応えているのでしょうか。

二〇二一年、中央教育審議会は、新しい教育のビジョンとして「令和の日本型学校教育」を掲げました。主要な項目として、次の三点が挙げられています。

**一、個別最適な学び**

生徒一人ひとりの興味や発達に応じた学びを重視します。これにより、各生徒が自分のペースで学び、個性を伸ばすことができるというもの。

**二、協働的な学び**

生徒同士や教師との協力を通じて、より深い理解を目指します。これにより、社会で必要とされる協力スキルを育成するというもの。

**三、ＩＣＴの活用**

ＧＩＧＡ《ギガ》スクール構想の推進により、すべての生徒に一人一台の端末を提供し、

ＩＣＴを活用することで、教育の質と多様性を高め、教育の機会均等を実現するというもの。

この新しい教育モデルは、急速に変化する社会に対応し、持続可能な社会のつくり手を育成することを目指すものです。特に、ＡＩやビッグデータ、ロボティクスなどの最先端技術の進展や、新型コロナウイルス感染症の影響を受けて、教育のあり方を再検討する必要に迫られて立案されたものといえます。

このように、「令和の日本型学校教育」は、個別最適な学びと協働的な学びを両立させ、ＩＣＴを活用して教育の質を高めることを目指していくことになります。

しかしながら、これらの教育には根本的に欠けているものがあります。どんなにＡＩやビッグデータで個々人の学習の質を分析し、適切な指導を試みたとしても、子どもたちから見ると大きな深い闇が残るのです。

**そもそも、人はなぜ勉強しなければいけないのか？**

子どもたちの中で燻《くすぶ》っているこの根本的な疑問を解消しないまま、いくら目先を変えても、不完全燃焼を起こしてしまうでしょう。このままではいずれ大きなしっぺ返しとなってくるのではないか、と私は危惧《きぐ》しているのです。

## ◉憂うべき縦軸不在の弱き心根

この疑問に対するヒントを与えてくださっているのが、私の尊敬する致知出版社社長・藤尾秀昭氏です。

藤尾氏は、月刊誌『致知』の発行を通じて、人間の徳性を養うための学問「人間学」を提唱してこられました。私が藤尾氏のお話の中で強く印象に残ったのが、「縦軸」と「横軸」の価値観のお話です。

『致知』の取材を通じて長年にわたり様々な分野の一流人と向き合ってこられた藤尾氏は、昔のリーダーは風格があって、人格的にも非常に度量の大きい人が多かったが、最近のリーダーは人間的に厚みのない人が増えてきたことを痛感しているといいます。そしてその差は、縦軸の価値観の有無にあると主張されています。

いまの大半の人は横軸の価値観だけで生きている。横軸の価値観というのは、同業他社と比べてどうだとか、よその国と比べてどうだといった、現代の横だけを見た比較にもとづく価値観。この横軸の価値判断だけで生きていると、左から風が吹いてくれば右にブレてしまい、右から吹いてくれば左にブレてしまう。自分を見失い、外部の影響に振り回されやすくなると指摘されています。

一方で縦軸の価値観は、古典と歴史、偉大な人物から得た学びにもとづいて養われるもの。「自分は何のために生きているのか」「何を大切に生きるのか」「一度きりの人生で何に命を燃やすのか」といった本質的な問いを追求する価値観であり、これがしっかりしていると、他人や環境からの影響に左右されずに生きることができる。昔のリーダーには、こうした縦軸の価値観があったから判断がブレず、度量の大きな風格のある人が多かったのではないかと指摘されており、深く得心するものがありました。

現代の公教育では、横軸の価値観はあっても、人間の本質に迫る縦軸の価値観を養う教育が欠けていると言わざるを得ません。縦軸の価値観を養うには、藤尾氏が説かれるように、古典や歴史、偉大な人物から学ぶことが重要なのです。

## ◉「学は人たる所以を学ぶなり」が足りない日本

「人はなぜ勉強しなければいけないのか？」

子どもたちのこの素朴な疑問について、私に答えを示してくれたのが、明治維新の原動力となった幕末の思想家、教育者である吉田松陰《よしだしょういん》先生でした。

**「学は人たる所以《ゆえん》を学ぶなり」**

松陰先生は、勉強で一番大切なことは、人間として大切なことは何か、人間はどのように生きていくべきかを学ぶことであると説かれています。子どもたちはテストで百点を取るために、良い学校に入るために、就職するために生まれてきたわけではないのです。一人ひとりがこの問いに対する納得のいく答えを見出すための手助けを必要としています。夢が持てるといつしかそれが志《こころざし》を育《はぐく》み、日々の勉強にも意欲的に取り組むことができるはずです。

私は、今の日本はダメだとか、将来の日本は危ういとか嘆く前にやるべきことがあると思います。日本の次代を担う子どもたちの心根に、欠如した縦軸の価値観をしっかりと育んでもらうためにも、いまこそ吉田松陰先生の教えに学ぶ必要があると確信しています。そして、それを実現する塾として松陰塾®を運営しているのです。

教えない学習塾「松陰塾®」の挑戦＊目次

序章

# 何のために勉強するのか

公教育の大きな忘れ物　2
憂うべき縦軸不在の弱き心根　5
「学は人たる所以を学ぶなり」が足りない日本　7

第一章

# なぜ、いま松陰を世に広めるのか

私の縦軸・吉田松陰 略伝　18
覚者・松陰の五つの原理を読み解く　21
明治維新胎動の中心地「松下村塾」の誕生　24
自立学習の祖・吉田松陰の教育法　27
松陰先生の縦軸（個性尊重教育の継承）　28
「あなたは何のために学問をするのか？」　31

コーチングの達人・松陰流才能の引き出し方　32
松下村塾を継承する「松陰塾®」の覚悟　33

## 第二章

## 全貌公開
### ――これが教えない塾・自立学習の「松陰塾®」だ！

現代に蘇る吉田松陰の教育法　40
業界の常識を覆した「教えない学習塾」　42
IT化によるブレイクスルー「教」と「育」の分担　44
「わかるの三大法則」という発明　46
ここが盲点！　自立学習を育む「強制学習」の効用　49
学力UP！　学びが確実に定着する「アウトプット学習」　51
「私は松陰塾®でこんなに変わった！」続々と寄せられる喜びの声　54

第三章
我が激闘の航跡
——松陰塾®はこうして誕生した
経営マインドを養った家庭教師時代 64
サラリーマン生活を見切り、全国区の事業構築を夢見る 66
厳しかった父が最期にくれた言葉 67
悲しき造反と倒産危機が教えてくれたこと 68
格物致知——逆境の中から生まれた常識破りの学習システム 72
失意の時期に支えになった恩師 74
大転換と始まりの赤いソファー 77

第四章
秘伝公開！
成功する塾経営の極意
泥だらけで掴んできたリーダーの流儀 80
喜びを与えない事業は偽物である 82

他塾では決して得られない松陰塾®オーナーのメリット　83
講師の人間力こそが成功の鍵　85
生徒募集は営業活動と心得よ　87
塾運営を成功へ導く「十の極意」　89

## 第五章

# 子どもの心に火を点す
## ――こうすれば、子どもはどんどんやる気を発揮する！

子どもの学力は、ただ教えればつくわけではない　104
どの子どもにも共通する「やる気のスイッチ」　105
基礎学力こそ自立の一歩　107
徳育の力を信じて生徒を導く　109
共鳴する松陰先生の言葉と子どもたちの心根　111

第六章
# 天命に生きる
## ――次代を見据えて
天が私に「もうひと働きせよ」と告げている 120
類い稀なる天の追い風を受け続けて 123
吉田松陰縁の地・萩への恩返し 125

第七章
# あとから来る者たちへのメッセージ
AI時代を生き抜くために求められる力 130
夢と志の違いは何だろう――人の役に立つ人間になるために 132
志の種を蒔く 134

## 終章

## 吉田松陰先生の志を継ぎ、「教育維新」の礎となる覚悟！

私はこんな方に松陰塾®の運営を託したい　138
「松下陋村と雖も、誓って神国の幹とならん」　139

## 特別対談

## 人はなぜ学ぶのか

吉田松陰の言葉が教える人生の要諦
松陰神社名誉宮司　上田俊成＆ショウイングループ会長　田中正徳　143

あとがき　178

# 第一章

# なぜ、いま松陰を世に広めるのか

## ◉私の縦軸・吉田松陰 略伝

幕末の思想家、教育者の吉田松陰先生に惹《ひ》かれる人は数多くいます。私もまさしくその一人です。学習塾を始めた頃には、松陰先生のこと、そして先生が門弟を指導され、塾の原点とも謳《うた》われる松下村塾《しょうかそんじゅく》のことを様々な本で読み、松下村塾が現存する山口県萩市にも何度も足を運びました。爾来《じらい》、惹かれるという状態を通り越して、私が主宰する塾のロールモデルになったのです。

松陰塾®の学習システムをご紹介する前に、私の塾経営の原点として敬愛してやまない吉田松陰先生と、先生が主宰された松下村塾について記してみたいと思います。

吉田松陰先生は、一八三〇（文政十三）年に萩藩士・杉百合之助《すぎゆりのすけ》の次男として生まれました。五歳の時に藩の兵学師範を代々務めていた吉田家の仮養子となり、六歳の時に養父が急逝したため、正式に吉田家を継ぎました。そして山鹿流《やまがりゅう》兵学師範となるべく、叔父の玉木文之進《たまきぶんのしん》から厳しい指導を受け、僅《わず》か十歳で藩校・

吉田松陰先生肖像画（提供＝松陰神社）

明倫館《めいりんかん》の兵学師範として教壇に立ちます。翌年には御前講義を務めて藩主・毛利敬《たか》親《ちか》を感服させ、遊学など学識を高めるための様々な便宜を図られました。そして十九歳で兵学師範として独立し、明倫館で本格的に講義を行いました。

欧米列強の存在を知り、日本の将来に強い危機感を覚えた松陰先生は、外国船に対する防備の状況を調べるため、藩の許しを得て全国を遊歴して各地の知識人と交流。五年足らずの間に歩いた距離は一万キロ以上にも及びました。

一八五三（嘉永六）年、アメリカのペリーが軍艦四隻を率いて浦賀（神奈川県）に現れ、日本に開国を求めます。黒船を見て衝撃を受けた松陰先生は、海外へ渡って直接自分の目でその実情を確かめたいと考えました。そして同志の金子重輔《しげのすけ》と共に、下田（静岡県）に再来航したアメリカの軍艦に乗り込み、米国へ密航させてほしいと交渉しますが、あえなく失敗。二人は自首し、江戸の伝馬町《てんまちょう》獄《ごく》から萩の野山獄《のやまごく》に投じられました。

翌年免獄となり、実家の杉家に幽閉の身となった松陰先生は、その間に松下村塾で数多くの門弟を導きました。先生は、高まる列強の脅威と対応に苦慮する幕府に危機感を募らせ、庶民の中から志のある者が立ち上がるべきだと「草莽《そうもう》崛起《くっき》」を唱えます。こうした松陰先生の活動に壁となって立ちはだかったのが、時の大老・井伊直弼《なおすけ》でした。井伊が行った安政の大獄によって幕府政治を批判する人々は弾圧を受け、松陰先生は一八五九（安政六）年、刑場の露と消えました。二十九歳の若さでした。

しかし、松陰先生の薫陶を受けた高杉晋作《しんさく》、伊藤博文《ひろぶみ》をはじめとする門弟たちは、幕末から明治にかけて目覚ましい活躍を遂げ、明治維新、日本近代化の原動力となったのです。

## ◉覚者・吉田松陰の五つの原理を読み解く

こうした吉田松陰という人物は、どのような言葉と行動によって貫かれていたのでしょうか。私なりに、次の五つの原理に集約されると考えます。

### 一、志を貫く信念

吉田松陰先生は「我が志を行はんのみ」という言葉で、自分の志していることを行うことの重要性を説きました。先生は、志、すなわち自分の個人的な願望ではなく、世のため人のために生きた人だと言えます。たとえ自分の身はどうなっても、日本の独立を守り抜くために行動し、弟子たちにも同じ志を持たせました。

### 二、行動重視

松陰先生は、学ぶだけではなく、行動を重んじました。実際に、生涯を通じて寸暇を惜しんで歩き続けました。そして松下村塾で伊藤博文や山田顕義《あきよし》など、後の大臣や大学創設者を育てました。先生自身も、ペリーの黒船に乗り込もうとしたり、老中である間部詮勝《まなべあきかつ》の要撃策《ようげきさく》を計画したりするなど、類《たぐ》い稀《まれ》なる行動派でした。

頭の中で考えるばかりでなく、まず動いてみる。たとえ失敗してもいい。大切なことは、その失敗から学び、次に生かすこと。そして成功するまで諦《あきら》めずに挑戦を続けることです。

## 三、結果を出す姿勢

松陰先生は常々弟子たちに、「能《あた》はざるに非《あら》ざるなり」と説きました。即ち、できないのではなく、やっていないだけだと。やる前から成否をあれこれ考えても何も始まりません。とにかくやってみなければわからないのです。その結果、たとえ失敗しても構わないと。やってみたことに価値があるのです。

松陰先生自身も、努力を惜しまず、結果を出すために行動し続けました。このことが先生の大きな魅力の一つです。

## 四、時を大切にする考え方

松陰先生は、「失ひ易き者は時なり」という言葉で、時間の大切さを説いています。先生は、過去から学び、未来を予測するために時間を活用することを重視しました。

私は、かつて仕事の傍ら宅建（宅地建物取引士）の資格を取得したことがあります。既に塾経営に携わっており、毎日大変忙しくしていましたが、朝一時間早く起き、夜も一時間遅く寝て、平日は二時間ほど勉強の時間を捻出《ねんしゅつ》しました。そして足りない分は、土日にまとめて時間を投入して集中的に勉強をして、わずか二か月で資格取得に成功しました。

その体験を通じて、どんなに忙しくても、時間を上手に使えば何でもできるという自信を得ることができました。結局のところは、やるかやらないか、本人の覚悟次第で時間というものはいくらでも有効に活用できるものだと私は確信しています。

## 五、自己成長と他者への尊重

松陰先生は、「我れは我れたり」という言葉を遺《のこ》しています。これは平たく言えば、他人と比べるなということだと私は思います。先生は、自分の生き方を他人に左右されず、ひたすらに自己成長を追求する姿勢を示しました。同時に、他人を貶《おとし》めるのではなく、自らが成長することを重視していたのです。比べるべき相手は自分自身です。過去の自分、昨日の自分と比べてどれくらい成長できたか。そこにこそ意識を注いで努力を重ねていかなければならないことを松陰先生は説いているのだと思います。

## ◉明治維新胎動の中心地「松下村塾」の誕生

吉田松陰先生が門弟を導いた松下村塾は、いまも山口県萩市に現存します。二〇一五年には世界文化遺産として登録され、明治維新胎動の地として日々多くの人が訪れています。

その果たした役割の大きさとは対照的に、松下村塾が僅か五十平米ほどの小さ

松下村塾（山口県萩市）

な建物であることには驚きを禁じ得ません。しかも先生が塾を主宰したのは僅か一年余り。その僅かな期間の訓導によって、高杉晋作、久坂玄瑞《くさかげんずい》、伊藤博文、山県有朋《やまがたありとも》、山田顕義、品川弥二郎《やじろう》をはじめとし、明治維新と日本の近代化に大きな功績を残した一級の人材をきら星の如《ごと》く輩出したことは驚嘆に値します。

この私塾の原型となったのは、松陰先生がペリーの黒船で密航を図ろうとして失敗し、投獄された野山獄での「獄中教育」といわれています。

松陰先生は、獄中でも読書に明け暮れ、哲学や歴史、兵学など様々なジャンルの書物を読み漁《あさ》りました。その数は六百冊以上にも上ったと言われています。さらに、他の囚人たちと交流して、歌や書など各々の秀でた分野を教え合う勉強会を開きました。この勉強会は一方的な指導ではなく、それぞれが持ち寄った知識を互いに共有し合うものでした。中でも松陰先生による中国古典『孟子』の講義はたちまち評判となり、獄舎の役人ですらその講義に耳を傾けたそうです。

一八五五（安政二）年十二月に野山獄から出ることを許された松陰先生は、実家である杉家に幽囚されることとなります。しかし、野山獄で行っていた獄中講義が評判となり、先生のもとには親類や近所の若者たちが教えを請いに集まってきました。そこで松陰先生は一八五七（安政四）年十一月に杉家宅地内の小舎を改修し、八畳一室の塾舎を設けて門弟の指導を始めたのです。

松下村塾は、もともと松陰先生を指導した叔父の玉木文之進が立ち上げた私塾の名称でした。外叔の久保五郎左衛門がこれを継承し、その後松陰先生が主宰する塾の名称として流布していったのです。

松下村塾の名称は、塾が存在した萩城下東郊の松本村に由来します。松陰先生が書いた『松下村塾記』には、「松本村の人々が家では年長者に孝を尽くし、外では主君に忠義を尽くすならば、村名を塾の名称にあててもその名に恥じることはない」という記述があります。このことからも、松本村において優れた人材を育てることを第一の目的とした松陰先生の思いが伝わってきます。

当時は士農工商の区別が明確な封建社会でしたが、松下村塾は身分にとらわれることなく誰でも入塾が認められていました。藩校である明倫館《めいりんかん》でも原則として入学を許されなかった士分（武士の身分）以下の庶民も学ぶことができたのです。

## ◉自立学習の祖・吉田松陰の教育法

松下村塾の教育で重視されたのは、一人ひとりの個性に応じた学習形態と自発的な学びです。

松下村塾はもともと、万巻の書を読み、全国行脚をし、最新の海外事情も含めて諸事に精通していた松陰先生の話を、近隣の人々が聴きに集まってきたところから始まった学びの場です。月謝もなければ制度化されたカリキュラムも時間割もなく、勉強したい者がやって来れば講義が始まるという、非常に自由な方針のもとで教育が行われていました。これは、塾生の学習意欲や自主性を重視した松陰先生の指導方針によるものだと考えられます。

松陰先生は、塾生たちへの講義に終始するのではなく、塾生たちと一緒になって討論を重ね、共に学びを深めていく姿勢を重視しました。塾生の自主性を喚起するために取り入れられた「会読、対読」は、複数人で互いに意見を出し合いながらテキストを読解する共同学習であり、松陰先生が一方的に教え込むものではありませんでした。松陰先生自身も共に学ぶ同志として、塾生と一緒に知恵を出し合い、切磋琢磨《せっさたくま》しながら答えを導き出す活発な学習形態を重んじたのでした。

## ◉松陰先生の縦軸（個性尊重教育の継承）

江戸幕府公認の学問として多くの藩が朱子学を学んでいました。朱子学は、学問の目的を聖人になることに重点を置き、聴講中心で受け身の学問姿勢をとっていました。朱子学は、天下を統一して江戸幕府を開いた徳川家康が、戦乱の世に逆戻りすることのないよう、儒学者・林羅山《らざん》に命じて確立したものです。上下の秩序を重んじる朱子学を教育の基本に据えることによって、下剋上《げこくじょう》を抑止し、民衆が自らの身分を理解し主君に尽くす徹底した身分制度をつくり上げることに成功しました。こうして実に二百六十五年間存続する太平の世が始まりました。

しかし、「忠臣蔵」として語り継がれる元禄赤穂《あこう》（赤穂浪士討ち入り）事件などを通じて、その価値観に綻《ほころ》びが表れ始めます。

一七〇三年、主君・浅野内匠頭《たくみのかみ》の仇討ちで吉良上野介《こうずけのすけ》の首を取った赤穂浪士を「忠義の鑑《かがみ》」と見るか、幕府の裁定に逆らった「暴挙」と見るのか。様々な議論の末に、時の将軍吉宗は切腹の決断を下します。この公の秩序を保ちながら、武士としての面目も立てる裁きを助言した人物が、古学派の儒学者・荻生徂徠《おぎゅうそらい》でした。

朱子学とは異なる新しい学問体系の確立を目指した徂徠は、個性の尊重と自学を重視し、人の才能や個性は天から与えられたものであり、無理にその本質を変えることはできないため、それぞれの個性をいかに育んでいくかが重要だとしています。また、学問に取り組む上では受動的な態度でいては何も身につかないとし、自ら進んで取り組む姿勢を重んじました。

この荻生徂徠の門下生の一人が、萩藩の侍講・山県周南《しゅうなん》でした。日本三大藩校の一つ「明倫館」の創設に深く関わった周南は、明倫館での教育を通して、藩内に個性の尊重や自主的な勉学姿勢を重視する徂徠の教育論を浸透させました。さらに、身分や能力の有無にとらわれず、学問を学べば誰しも伸びていく可能性があると考え、百姓や町民にも講義の聴講を許可し、学問の機会を与えました。

十歳から明倫館の教壇に立った吉田松陰先生も、徂徠や周南の教育論による影響を大きく受けたといわれています。

松陰先生が教育において重視したのは、一人ひとり異なる個性を尊重し、個に応じた学習形態を取り入れることでした。朱子学に見られた聴講に重きを置く画一的な一斉講義ではなく、講釈、討論、会読、対読を重視し、生徒に自発的な学習を促しました。また、松陰先生は社会のリーダーとなる人材の育成を重視しながらも、同時に教育の平等性や庶民教育の観点も持ち合わせていました。先生は、どのような人物でもそれぞれに長所があり、学問に励むことで伸ばしていけるとしています。

## ◉「あなたは何のために学問をするのか？」

松陰先生は松下村塾への入塾を希望する者に対し、

「あなたは何のために学問をするのか？」

と必ず尋ねたといいます。これに対し、読書の稽古《けいこ》が目的と答えた者には、

「学者になるのではない。人は学んだことをどう実行していくかが重要だ」

と諭したそうです。

松陰先生の教育は、「学は人たる所以を学ぶなり」。まず人間という原点を踏まえて自らの価値を自覚すること。そして自分が目指す人間像を「志」とし、それを貫くことで社会に貢献できる人間になるというものです。ただ人から学ぶだけで終わらせるのではなく、学んだことをベースとして自分の進むべき道に邁進《まいしん》する「生きた学問」の重要性を説いたのでした。

## ◉コーチングの達人・松陰流才能の引き出し方

先述の通り、松下村塾は高杉晋作、久坂玄瑞、伊藤博文、山縣有朋、山田顕義、品川弥二郎など、明治維新の原動力となった志士を数多く輩出したことでもっとに有名です。特に松下村塾の「双璧《そうへき》」として知られる高杉晋作と久坂玄瑞は、松陰先生からも高く評価されていたといわれています。

代々毛利家に仕える名門の家に生まれた高杉晋作は、革新的な学問・教育で知られる松下村塾の評判を聞きつけて十九歳の時に松下村塾に入塾しました。

一方、萩藩医の父のもとに生まれた久坂玄瑞は、十五歳の時に家督を継ぐことになります。しかし、遊学先の熊本で松陰先生の人となりを聞いたことが契機となり、松陰先生との書簡のやりとりを経て十八歳で松下村塾に入塾しました。

松陰先生は、晋作と玄瑞それぞれの能力を認め高く評価していましたが、各々の才能をさらに開花させるために、二人をあえて競わせたといいます。そして、二人がライバルとして切磋琢磨する中で大きな成長を果たし、互いに認め合う関係になったことを松陰はたいそう喜び、「暢夫《ちょうふ》（晋作）の識を以て、玄瑞の才を行ふ、気は皆其れ素より有するところ、何をか為して成らざらん」（晋作と玄瑞の二人をもってすれば、できないことなど何もない）と述べました。

松陰先生は、晋作と玄瑞それぞれの長所・短所を見極めていたため、互いに切磋琢磨することで弱点を補い合えるのではないかと考えていたのでした。

また、松下村塾を旅立つ塾生に対し、松陰先生はそれぞれに励ましの言葉を贈ったといわれています。人間を愛し、心の通い合う教育を大切にしていた松陰先生。志を受け継いだ多くの塾生が、その後の明治維新を主導する志士へと成長していったのでした。

## ◉松下村塾を継承する「松陰塾®」の覚悟

私どもは、ここまで記してきた吉田松陰先生の教育理念を受け継ぎ、現代に蘇《よみがえ》らせるべく、学習塾「松陰塾®」を全国展開しています。「松陰塾®」という塾名を掲げて以来、毎年四月に社員一同で松陰神社に参拝し、その後、上田俊成《とししげ》

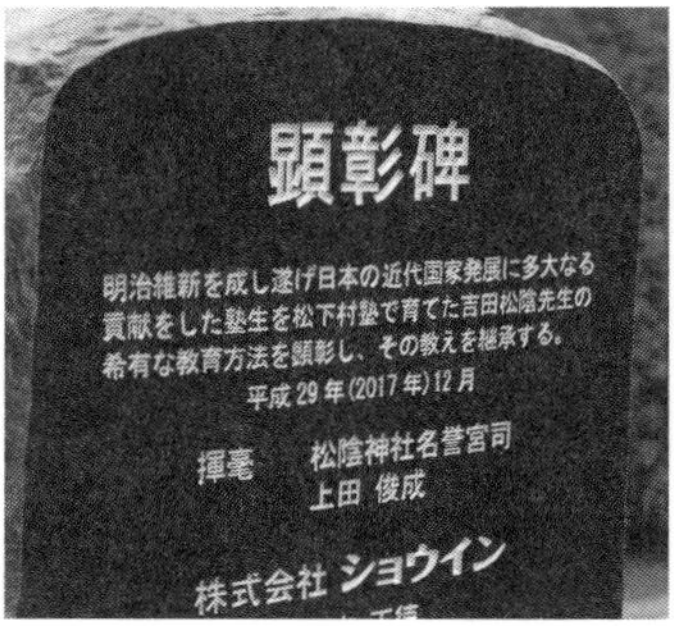

名誉宮司の講義を聴講することを通じて、松陰先生の教えの理解を深める努力を重ねてきました。上田名誉宮司は、私どものこうした活動を高く評価してくださり、二〇一七年、松陰神社の敷地内に松陰先生の顕彰碑を建立することを許可してくださいました。

この顕彰碑には、表面に上田名誉宮司の揮毫《きごう》「学は人たる所以を学ぶなり」を刻銘すると共に、裏面には「明治維新を成し遂げ日本の近代国家発展に多大なる貢献をした塾生を松下村塾で育てた吉田松陰先生の希《け》有《う》な教育方法を顕彰し、その教えを継承する。」と刻みました。これにより、松陰塾®は松下村塾を継承する塾として正式に認めていただいたのです。

そして翌二〇一八年には、この顕彰碑を起点に、境内にある松陰先生の門下生を中心に五十三柱《はしら》お祀《まつ》りする神社・松門神社へと続く約八十メートルの北参道

を「学びの道」とし、その両側に二十五基の句碑を建立。句碑には松陰先生のお言葉が透明プレートに掲示されており、夕暮れ時にライトアップされると、浮かび上がる樹木と共に、幻想的な光の道となって出現するように設計されています。「学びの道」は、松陰神社を参詣する方々の新しい観光名所として注目が集まっています。

こうした顕彰活動が認められ、二〇一九年には上田名誉宮司より「松陰先生の至誠の心と高い志を吾が心とし、青少年教育に邁進し多大な成果を上げた」との感謝状を授与していただきました。

さらに二〇二二年四月には、萩市中心街の明倫学舎にほど近い場所に、松陰先生の遺徳を讃《たた》える総合施設「交友館」を開館しました。交友館とは松陰先生が書いた「士規七則《しきしちそく》」の三大要素「立志」「択交《たっこう》」「読書」より「択交」に注目。この言葉を現代的な「交友」に変えて、多くの友と交わり、切磋琢磨していくことを目指して名付けました。

この交友館の敷地内には「松陰塾®萩校」「研修施設」と共に、松陰神社監修のもとミリ単位の実測図から完全再現した松下村塾を模築しています。松陰神社境内の松下村塾は現在、国の史跡指定のほか、世界文化遺産として保護されているため、許可なく中へ立ち入ることはできません。しかし交友館に模築した松下村塾は、「誰でも上がれる松下村塾」として一般公開しており、大きな話題を呼んでいます。松陰先生が実家の小舎を改修して講義を行い、明治維新を実現する多くの人財を輩出したあの八畳一室の伝説の塾と同じ環境で、全国の松陰塾®を対象とする塾長研修も行っています。

さらに敷地内には若き吉田松陰先生の等身大の銅像を建立しました。松陰先生が松下村塾で指導していた年齢は二十七～二十九歳。情熱に溢《あふ》れる松陰先生をイメージしやすくするために、敢《あ》えて若さにこだわり、日展作家・審査員をつとめ

る田畑功《いさお》先生に製作を依頼しました。交友館を訪れる皆様が気軽に記念撮影できるように、台座も四十センチと低くしました。インスタ映えするイケメン先生に仕上がっています。

松下村塾を継承する塾として認めていただいた私どもは、吉田松陰先生から学んだ志を現代に実行するために、この「交友館」を発信源とし、世界に広がる「教育改革」実現に向けて活動しているのです。

私どものこうした継承の熱望や、一介の学習塾らしからぬ活動に大きな疑問符を持たれる方もあると思います。しかし、少し先の未来の評価を気にしていては、志を貫くことはできません。やってみなければわからないことまで踏み込む勇気が必要です。

いまは私どもの打った小さな一点の覚悟が、百年後の未来に良い影響を与えるのを信じるのみです。

# 第二章

## 全貌公開

## ——これが教えない塾・自立学習の「松陰塾®」だ！

## ◉現代に蘇る吉田松陰の教育法

私どもは、前章で記していた吉田松陰先生の教育法を現代に継承する塾として松陰塾®を運営しています。松陰塾®では松陰先生の教育法をどのように生かしているのか。生徒指導のベースとなる考え方を、ご紹介がてら列記してみましょう。

### 一、個別指導と柔軟なカリキュラム

松下村塾には固定されたカリキュラムはなく、松陰先生自身が塾生の能力に応じて個別指導を行いました。先生は一人ひとりをよく観察し、各々の長所を伸ばすことを重視しました。

### 二、議論と自己表現

松陰先生は活発な議論を望み、塾生同士が切磋琢磨することを大切にしました。

そして、自分の意見を言葉にして相手に伝える姿勢を育みました。

## 三、情報収集と自己行動

松陰先生は日本全国を旅し、自分で見聞きすることを重視しました。塾生や保護者にも情報収集の重要性を説き、『飛耳長目《ひじちょうもく》』という情報共有の文書を作成しました。

## 四、アウトプット重視

得た知識をアウトプットすることを重視しました。講義や討論、論文の筆記など、自分なりに理解して他人に伝える姿勢が求められました。

## 五、人間力と愛弟子の育成

松陰先生は実直で優しく、塾生たちに深い愛情を注いで育てました。彼の人間性は塾生たちに大きな感化を与え、倒幕運動に繋《つな》がっていきました。

松陰先生は、一人ひとりの個性を見抜いて各々に相応《ふさわ》しい課題を与え、「自分で考える力」を養わせる「自立学習」を実践したことによって、多くの傑人を輩出したといえます。

令和の時代を迎え、日本の教育はいま、一斉指導中心の学校運営の行き詰まり、ゆとり教育の弊害など、大きな壁に直面しています。こうした問題に対し、松陰先生の優れた教育法をベースに、現代の最先端技術であるパソコンとインターネットを活用した新しい「自立型」教育方法によって解決の道を示しているのが、私どもの松陰塾®なのです。

## ◉業界の常識を覆した「教えない学習塾」

松陰塾®の最大の特長、それは「教えない塾」であるということです。従来の塾の常識を一変させる逆転の発想によって、生徒が自ら進んで勉強する「自立学習」の習慣を養うことを主眼としているのです。

近年増えている学習塾の形態は、講師と生徒が一対一、あるいは一人の講師と数人の生徒で授業が展開される個別指導塾です。

学校の授業のように、一人の先生がたくさんの生徒を教える集団指導では、生徒一人ひとりにきめ細かな指導をすることが不可能です。そこで個別指導塾では、

松陰塾®の授業風景

一人ひとりの学習レベルを把握した上で、個々に合ったカリキュラムを組むことで、集団指導の欠点を補おうとしているのです。

しかし、個別指導塾に通う生徒は、どうしても受け身の学習姿勢となってしまいます。講師に依存してしまうために自ら学ぼうとする学習意欲が生まれづらく、基礎学力が定着しにくいという問題点があるのです。

私どもの塾も、当初は少人数の個別指導塾としてスタートし、最初の十五年間はひたすら個別指導に力を入れた歴史があります。しかし、生徒が受け身になるばかりで成果は上がりませんでした。講師の説明を一方的に聴くだけの授業では、「わかったつもり」になるだけで、知識の定着には至らないことを痛感させられたのです。子どもが自ら学ぶ自立学習でなければ、本物の学力は身につきません。そして自立学習の最大の敵は、子どもたちの「講師への依存心」と断言できます。

そこで私どもは、従来の個別指導の問題点を徹底的に見直し、これを解消する「子どもが自ら学ぶ塾」を追求しました。そして「人から習う」から「自ら学ぶ＝自立学習」への転換を実現し、独自の「ショウイン式®自立学習システム（ショウイン式®自立学習法）」を確立したのです。

## ◉IT化によるブレイクスルー「教」と「育」の分担

「ショウイン式®自立学習システム」では、自立学習を徹底するために、教育を「教」と「育」に分けて考えます。「教」、即ち教科指導はコンピュータが担い、講師は「育」、即ち生徒のサポート役、コーチング役に徹するのです。

「ショウイン式®自立学習システム」の中核であり、教育の「教」の部分を担う

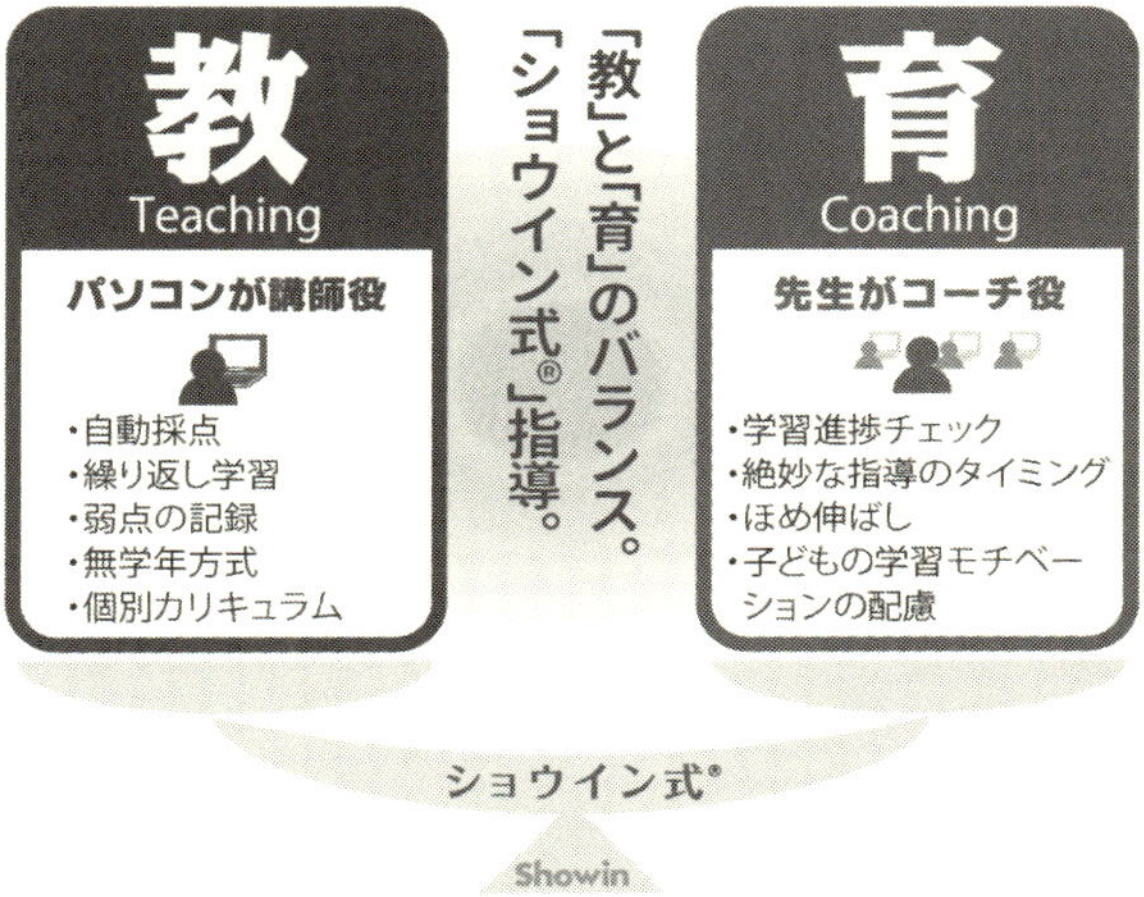


「AI－Showinシステム」は、「自立学習を徹底する」＝「教えない指導を徹底する」ために、業界に先駆けて一九九九年より提供を開始している自社開発のeラーニング教材です。学習指導要領に対応した小中学生五教科、三千五百単元、総設問数約十二万問が内蔵されており、国内最大級、最古参の学習システムとして業界をリードしてきました。

生徒は、個別ブースに設置されたコンピュータ端末に向かい、AI－Showinシステム」のナビゲーションに従って学習を進めていきます。コンピュータの特性である自動採点や、繰り返し機能、シャッフル機能、メモリ機能によって、一人ひとりの学力に合わせて、系統的に戻り学習、先取り学習が適宜指示されるため、講師が科目の指導をしなくても、生徒は自分のペースで無理なくスムーズに学習を進めていけるのです。まさに文部科学省が二〇二〇年度の次期学習指導要領で取り入れる「アクティブ・ラーニング」の視点を、松陰塾®は二十年以上も前から先取りしていたといえます。

その一方で、教育の「育」の部分を担う講師は、生徒に勉強の目的を説き聴かせ、一人ひとりの話を傾聴し、目標設定を共に考え、傍に寄り添い、応援、叱咤《しった》をします。あえて教科指導を行わず、コンピュータにはできない生徒のサポート役、コーチング役に徹するのです。

## ◉「わかるの三大法則」という発明

長年の試行錯誤を通じて、学力向上の鍵は「わかるところから始める、わかるまで先に進まない、わかるまで繰り返す」ことであるというのが私どもの結論です。

松陰塾®では、この「わかるの三大法則」にもとづいて、一人ひとりの弱点の見出し、その生徒のレベルに見合った演習を徹底的に繰り返します（弱点チェック機能）。そうして弱点を確実に克服してから上のステップへ進む（ステップアップ機能）ことで、生徒は「わかる」喜びを実感し、勉強の面白さに目覚めます。心に火が点《とも》り、「やらされている」から「やってみよう」という気持ちに転換することによって、自ら進んで勉強に取り組む自立学習の土台ができるのです。

こうした学習方法にとても親和性が高いのがコンピュータによるプログラム学習です。

松陰塾®の「AI－Showinシステム」では、その生徒のレベルを確認した上で、わかるところまで遡《さかのぼ》って学習を始めます。システムの中には、各レベルに応じた問題が約三十問ずつ用意してあり、その生徒の現時点のレベルに合わせた問題をランダムに五問提示し、三問以上できれば上へ進むことができます。三問できなければ上へ進めない仕組みになっているため、わかるまで繰り返し、十分にわかってから次のステップへ進めるよう、パソコンの画面上でAIが生徒を導いていきます。

これが人間の講師であったらどうでしょうか。人間の講師が同じレベルの演習を繰り返させれば、生徒は反発し、途中でやる気を失って投げ出したり、早く次へ進みたいとせっついてくることもあるかもしれません。講師のほうも、自身の先入観によって、あるいは生徒に流されて、実力が不完全なままで次へ進んでしまう可能性があります。これは個別指導塾でよく見受けられる問題です。要は講師と生徒との距離が近いために馴《な》れ合いになり、厳しさに欠けることで学習意欲の減退に繋がるのです。教えねばという講師のエゴは意外な落とし穴なのです。

しかし、コンピュータを活用したシステム学習では、相手がそうした情やわがままの通じないコンピュータであることが逆に幸いして、生徒も割り切ってゲーム感覚で演習を繰り返し、それによって弱点を克服して上のレベルへ着実にステップアップすることができるのです。

松陰塾®の「ＡＩ－Ｓｈｏｗ・ｉｎシステム」では、ＡＩによる学習システムに従って勉強を進めることを通じて、「わかるの三大法則」が、自ずと体現できる仕組みになっているのです。

## ◉ここが盲点！　自立を育む「強制学習」の効用

松陰塾®の「ＡＩ－Ｓｈｏｗｉｎシステム」で学習する生徒は、単元ごとに基礎学力が定着するまで、好き勝手に途中でやめることはできません。つまり自由に学習はできないようになっています。

「ＡＩ－Ｓｈｏｗｉｎシステム」を使って基礎学習を徹底することで八割の得点力がつくようになっています。八割の得点力がつくと子どもは自信とやる気が湧いてきて、「わかることが嬉しい・楽しい」状態になります。この状態になると自ら進んで学ぶ意欲が湧いてきます。学校の授業に真剣に取り組むようになり、そして宿題、教科書、ワーク、プリントをしっかり取り組んでいけば、試験で百点は取れるようになるのです。

この百点満点を取る過程こそが「自立学習力」をつける方法なのです。基礎学力の八十点までは松陰塾®が種を蒔《ま》き、その後は生徒が自立学習で百点を目指していく。いわば二段ロケットのような形で生徒を導いていくのです。

松陰塾®の最大の目的は「自立学習」の仕方を身につけさせることなのです。

自立学習の指導をする際に注意しなければならないことは、自立学習を自由学習と混同してしまうことです。これを混同すると、ただの放置指導になってしまいます。しかし残念なことに、自立学習を着実に実施している塾は決して多くはありません。自立学習を謳う大半の塾が、生徒が好きなところを好きなようにやらせているのが実態です。これは自立学習ではなく、「自由学習」です。

「自立学習」とは、子どもが一人で勝手に学ぶ勉強スタイルではありません。勉強もスポーツと同じように、まずは正しい型にはめて強制的に訓練を繰り返すことで自然に「自立学習」の型をつくることができます。こうした学習法は、コンピュータがあって初めて実現可能となります。

ところが学校の教室では、いまも黒板とチョークで授業を進めていく百年前の教授法が踏襲されています。近年はようやくタブレットの導入などが進み、またコロナ禍《か》を経てオンラインの重要性も認知されるようになりましたが、まだまだ十分とはいえません。

松陰塾®は、「ＡＩ－Ｓｈｏｗｉｎシステム」を通じて、強制的に基礎学力を養います。コンピュータによってある意味強制的にこれを行うからこそ、しっかりした基礎学力の土台を養うことができ、勉強の勘所や面白さがわかり、自ら進んで学習する自立学習が可能になるのです。松陰塾®が「教えない塾」「自ら学ぶ自立学習の塾」として注目を集めている所以は、まさにここにあるのです。

## ◉学びが確実に定着する「アウトプット学習」

学力向上のためのもう一つの鍵が、「アウトプット学習」です。

インプット学習とは、読む、聞く、見るなど様々な情報を受け取る学習です。「受け身学習」ともいえるでしょう。しかし、インプット学習だけでは、「わかったつもり」「書き取っただけ」で終わってしまい、学んだことが知識としてしっかり定着されないままの状態になっているケースが多く見られます。

これに対して、インプットした情報を理解し、外に出すのがアウトプット学習です。例えば、単語を繰り返し書いて覚えたり、練習問題の空欄に正しい答えを入れたりするなどの学習法であり、「能動学習」とも言い換えることができます。

インプットした情報が定着していなければ、アウトプットはできません。何度もアウトプットを繰り返すことで学んだことが定着し、学力は向上するのです。

あいにく他校のオンライン授業は、画面上で行われる講義をただ受け身で聴くだけのものが大半です。しかし、ただ画面を眺めているだけの受け身の姿勢では学習は身につきません。インプットするだけでなく、学んだことをアウトプットすることによって初めて本当の学力は身につくのです。

そのために松陰塾®の「AI-Showinシステム」では、先述の通りその生徒のレベルに見合った演習問題が画面上でランダムに表示され、それを繰り返し解いていくことで学習を定着させます。

さらに、オンライン上だけで学習を完結させるのではなく、ノートに書くということをとても重視しています。そこに間違った問題と解説を書いて家で復習する。その作業を通じてアウトプットを繰り返していくことによって、学習した内容は確実に身についていくのです。そのために松陰塾®では、専用ノートを提供し、まず鉛筆の持ち方、ノートの書き方など、自立学習の前提となる勉強の基本を徹底指導しています。

こうしたアウトプット学習を徹底的に繰り返せば、学力は確実についていくのです。

## 「私は松陰塾Ⓡでこんなに変わった！」続々と寄せられる喜びの声

ここで、全国の松陰塾Ⓡの塾生から寄せられた、「入塾して実感している変化」についての作文をご紹介しましょう。

### ◉山口さん（小六／愛知県長久手市）

私が松陰塾Ⓡに入ってから変わったと思うところは二つあります。

一つ目は、前よりも長く集中できるようになったことです。塾に入る前までは三十分勉強をがんばったらもう集中がきれてしまっていたけれど、塾に入ってからは一時間がとっても短く感じて、今ではもう少しがんばろうかなという気持ちがわいてきます。

二つ目は、前よりも勉強についてポジティブに考えられるようになったことです。「勉強めんどうくさいな」と思ってしまったり、「早く勉強の時間が終わらないかな」などと、いろいろ悪いふうに考えてしまうことが多かったです。けれど今は点数が良かったら、「次もがんばろう」とポジティブな気持ちに変わることができました。

このように、塾に入ってからいろいろな新しい長所をつくることができたので、これからもその長所をのばしたいと思いました。

## ◉齊藤さん（中一／東京都足立区）

私は塾に入る前は算数の計算が遅くて、英語も文章が読めず、周りの人から遅れて自信がありませんでした。そんな時、母に「塾に入ってみれば」と言われ、母の勧めで松陰塾®に入る事になりました。

塾に入ってからは計算が速くなり、間違いも少なくなりました。英語は文章を読んだり話したりする事ができるようになりました。そして自分に自信がつき、周りと話す事が増えました。

塾に入る前までは、入っても変わらないと思っていました。しかし、入ると学力や自分の考え方も変わりました。テストでもたくさん百点を取れる様になり、親からもほめられました。

塾に入って学習すると、マイナスだったものがプラスになるようになったので、これからも塾で学習をたくさんしていきたいです。また、様々な事にチャレンジしていきたいと思っています。

### ◉松原さん（中三／神奈川県横浜市）

僕が松陰塾®に入って変わったことは二つあります。

一つ目は自分から進んで勉強に取り組めるようになったことです。今まで僕は、人に言われないと勉強を始めませんでした。しかし松陰塾®に入り自分のペースで勉強し、基礎から学ぶことでわからなかったところがわかるようになり、勉強が楽しくなりました。もっとわかるようになりたいと思い、進んで自分から勉強に取り組めるようになりました。

二つ目はわかるまで繰り返し取り組み、簡単に諦めなくなったことです。わかるまで先に進まないで、どうしてもわからなかった場合は工夫をしながら解くことで、すぐに諦めない力がつきました。

これからも松陰塾®で諦めず、自分から勉強をしていこうと思います。

### ◉柿下さん（高一／熊本県熊本市）

私は、入塾して自分の中で変化したと思う点が二つある。

一つ目は、自分から進んで学習に取り組もうとする意欲だ。タブレット式の学習法だから、やりたい時にやりたい教科を学習することができ、集中力も上がり勉強量も増えた。また、テスト前には普段と違った形式での学習を行い、テスト対策もしっかりと出来た。

二つ目は、学校での授業の理解だ。塾に入る前と入った後で特に大きく変わった点だと感じている。分からない問題数も少なくなり、定期テストでは満足いく点数を安定して取れるようになった。

私は入塾する前まで苦手なことから逃げ続けていたが、入塾してからは色々な教科に挑戦しており、嫌いだった数学も今では小テストで満点を取れるくらいに成長している。入塾したからといって成績が上がるわけではない。しかし、入塾した後の自分の努力で、きっと目に見える結果が出てくるだろう。

**続いて、保護者の皆様から寄せられた喜びの声をご紹介しましょう。**

### ◉苦手科目がなくなり、自信がついたようです（東京都／主婦）

うちの子は「松陰塾®」で勉強する前は、算数がとても苦手で文章題は全く解けませんでした。しかし、自立学習教材『AI－Showinシステム』で弱点を発見して、まちがいノートを作る勉強を進めていったら、今では算数（応用）の問題も解けるようになりました。

『どこがわかっていなかったか』、そこがはっきりするのが『松陰塾®』

の良いところだと思います。

## ◉塾に通うのが楽しそうです（大阪府／主婦）

わからないまま先に進まず、子どもの学力に合わせて進めてくれるので、確実に学力が上がってきています。先生がやる気を引き出すように声かけしてくれるし、毎日通える「通い放題コース」にしたことで、勉強がわかるようになり、塾に行くのが楽しいと言っています。

## ◉緊張感をもって学習しています（滋賀県／主婦）

自立学習教材『ＡＩ－Ｓｈｏｗｉｎシステム』は、一問一問集中しないと先に進めないみたいで、最初はうちの子にできるのかな～と思ったのですが、楽しく勉強できる仕組みがあって、良い意味で緊張感のある学習ができているようです。

## ◉自分のペースで勉強できる（愛知県／主婦）

生徒さん達が集中して勉強に取り組んでいる雰囲気が気に入って入塾を決めました。教室内はとても清潔感があり明るく、勉強スペースは個別ブースになっているので、集中できるようです。

また、パソコンやタブレットを使って、自分のペースで勉強するのが楽しいみたいです。

こうした喜びの声が上がるのは、ここまで繰り返してきたように、「わかるの三大法則」（わかるところから始める、わかるまで先に進まない、わかるまで繰り返す）にもとづいて強制的に基礎学力を養っているからです。

学校などで行われる集団学習では、わかるところまで戻れない、わからないところは置いてきぼり、わからないまま進んでいくため、こうした成果を上げにくいのが実情です。一つのクラスに様々な学力の生徒が混在するため、できる子は物足りない、できない子はさっぱりわからないまま、カリキュラムを先へ進めていかざるを得ないのです。極端な事例では、三引く五がわからないのに一次方程式をやらされている生徒までいます。

　では、一般の家庭教師や個別指導のほうがよいかといえば、こちらも問題ありです。先述の通り、自由学習になりがちなため、基礎学力が十分に養われていないにも拘《かかわ》らず、わかったつもりになる弊害があります。

　こうした弊害を克服してしっかりした基礎学力を養い、自立学習の土台をつくるのが、「ショウイン式®自立学習システム」なのです。

# 第三章

# 我が激闘の航跡

## ——松陰塾®はこうして誕生した

## ◉経営マインドを養った家庭教師時代

私と教育事業との出逢いはいまから四十年以上前、学生時代に遡《さかのぼ》ります。

当時、学生の身分でアルバイトをしてお金を稼ぐ一番の近道は、家庭教師でした。私も知人から近所の中学生を紹介してもらい、自宅へ教えに行きました。

家庭教師として初めて指導した生徒は、中学一年生。残念ながら、三か月も経たないうちに辞めさせられてしまいました。私の指導が面白くなかったそうです。確かに、私の教え方はあまりにも真面目過ぎました。挨拶もそこそこに教科書と問題集を開くや、世間話を挟む余裕すら与えず機関銃のように指導を続けたのです。初めての経験ゆえに仕方のないことではありましたが、ほろ苦いデビュー戦となりました。

大いに反省した私は、二人目の中学三年生の指導では大きく方向転換。二時間の指導の中に、差し入れていただいたおやつをお子様と一緒に楽しみながら、三十分のお喋《しゃべ》りタイムを入れてみたのです。これはとても効果的で、お子様は私の指導をとても楽しみにしてくださり、中学校を卒業するまで一年間指導を続けさせていただき、見事志望校に合格することもできました。

ところが、三人目の小学五年生は、何度教えてもすぐに忘れてしまうお子様でした。私はその場で専用の問題ノートをつくり、宿題にして繰り返し指導したのですが、テストの結果は好ましくありません。心配されたお父様から呼び出され、指導方法について説明を求められました。懇切丁寧にやっていることを必死で説明して、やっと継続していただけることになりました。お子様の部屋で指導中、襖《ふすま》の向こう側にしばしばお母様の気配を感じながら、何とか辞めさせられないよう指導法に気を配ったものです。

その後、何人も指導を重ねる中でテクニックにも磨きがかかり、自分はこの仕事に向いているなという実感を得ていきました。まだ学生の身分でしたが一人の個人事業主ともいえ、そうして試行錯誤を重ねる中で経営者としてのマインドが養われたともいえます。

## ◉サラリーマン生活を見切り、全国区の事業構築を夢見る

当時は、大学を卒業すればサラリーマンになることが当たり前の時代でした。大学の建築学科で学んでいた私もその例に漏れず大手住宅メーカーに入社し、設計マンとして働き始めました。

ところが、学生時代に家庭教師として独立経営の醍醐《だいご》味《み》を感じていた私は、サラリーマン生活に全く夢を感じることができなかったのです。周囲からは反対されましたが、試用期間の三か月であっさり辞めることにしました。

折よく私の兄が小中学生向けの学習塾を始めるというので、家庭教師を少し発展させたような出張指導塾を一緒に地元福岡で立ち上げることにしました。どうせやるなら地元の小さな塾で終わるのではなく、全国区でやろう。組織をつくり、全国に塾を広げて大成功を収めるのだ。私どもは塾講師というよりは、ベンチャー企業を立ち上げる若き青年実業家のつもりで夢を語り合ったものです。

サラリーマン生活から飛び出した背景には、父の姿を見ていたこともありまし

た。父は大手金融会社の役員まで務めた人でしたが、五十五歳で定年を迎えるや退職を余儀なくされました。そんな父の姿を見て、サラリーマンでは終わりたくないという思いを抱いていたのです。

一九八〇年、二十四歳の時のことです。

## ◉厳しかった父が最期にくれた言葉

私たちの強烈な事業欲は、商売っ気のある母から引き継いだものかもしれません。その一方で父は、夢を膨らませる若い私たちに現実の厳しさを説き聞かせてくれました。

父は戦前に生まれ、青春時代を江田島《えだじま》の海軍兵学校で過ごしました。そこでの生活は映画でも描かれて多くの人が知るところとなりましたが、先輩と後輩が同部屋で寝食を共にして強い絆《きずな》が育まれる一方、指導を担当する先輩から鉄拳《てっけん》も交えての厳しい指導を通じて鍛え上げられました。

そういう青春時代を送ったからか、父は息子である私たちには体罰も辞さない厳しい躾《しつけ》を施しました。戦後は大手金融会社に入り、役員まで務めた経験から、大きな夢を膨らませる若い私たちに危うさを感じたのか、「おまえたち、そんな浮ついた考えで事業をものにできると思っているのか。組織をつくることが一番難しいんだぞ」と、二人の前で説教を垂れたこともありました。未熟者の私は「いまに見とけよ！」と反発心を募らせるばかりでしたが、いま振り返れば父の親心が胸を突き上げてきて、思わず目頭が熱くなります。八十七歳で亡くなる間際に、「よくやった」と私たちがやってきたことを認め、褒めてくれた時には、すべてが報われた思いがしたものです。

## ◉悲しき造反と倒産危機が教えてくれたこと

当時は個別指導という塾のカテゴリーもなく、学習塾といえば一クラス十名〜三十名程度の教室が一般的で、教師を退職した方が自宅で細々とやっているというイメージでした。結局やっていることは学校と同じで、学校で落ちこぼれた子は塾でも落ちこぼれてしまうのです。また、いまでは考えられませんが、学習塾専用の教材や問題集などもなく、その都度教科書をもとに手づくりで教材を作成し、人数分コピーして生徒に配布していました。

　これに対して私どもは、一クラス三名で授業を行う個別指導を売りにしました。三名であれば一人ひとりに目を配ることが可能で、学力別にクラス編成をして、それぞれに合ったカリキュラムをつくることもできます。そのために、オリジナルの教材も作成しました。

　幸い生徒数は順調に増え、自宅の一室で始めた私どもの学習塾は、たちまち複数の教室を抱えるまでに急拡大しました。

　そこまで急拡大することができたのは、生徒指導だけでなく、当時他の塾がまだやっていなかった営業活動も行ったからです。

　チラシを作成したり、テレビコマーシャルを放映したりするお金は当然なく、最初は訪問営業から始めました。マンションのチャイムを一軒一軒押して「お宅様にお子様はいらっしゃいますか？」と懸命に塾の紹介をしました。お子様がいないご家庭には、「この階にお子様のいらっしゃるご家庭はありませんか？」と教えていただき、そこを訪ねる。そしてチラシの代わりに名刺を渡して「体験授業にぜひご参加ください」とお誘いするのです。しかしこれではあまりにも効率が悪いため、電話帳に記載されている番号に片っ端から電話をかけるやり方に変えました。

そうした懸命の営業努力に加え、小中学生に成長した第二次ベビーブームの子どもがたくさんいたことも幸いして、生徒はどんどん増えていきました。たちまち一教室では収まらなくなり、私どもは店舗を増やし、その都度スタッフにノウハウを教え、塾長として教室を任せていきました。

ところが、塾を立ち上げて四年が経ち、教室の数が八か所まで拡大した時、生徒指導を任せていた七人の塾長が突然私の所へやってきて言いました。

「自分たちで教室を運営したいので、塾を譲ってもらえませんか？」

寝耳に水のことでした。苦労してここまで大きくした塾を譲るわけにはいきません。私が拒否すると、彼らは「自分たちは出ていきます」と言って、生徒まで連れて出ていき、同じエリア内で新たに自分たちの塾を立ち上げたのです。こちらに残った生徒は、親戚の子どもたちだけ。

生徒指導も塾運営も、何も知らなかった彼らを、一から指導し、育ててあげた兄と私に、よくもこんな仕打ちができたものだ！　裏切られた悲しみと怒りで、胸は張り裂けそうでした。順調に経営を続けていた私たちが見舞われた突然の造反劇。塾は四年目にして最大のピンチを迎えたのです。

治まりきらない気持ちを懸命に抑え、兄と一緒に残された教室を必死で維持していく中で、ふと思い至ったことがありました。

せっかく自分たちが築き上げた貴重なノウハウを持ち逃げされるくらいなら、最初からノウハウを買っていただければよいではないか。

直営からフランチャイズ（ＦＣ）への発想転換でした。それまでのように生徒を直接募集するのではなく、自分たちのノウハウにもとづいて塾を運営するオーナーを募集し、フランチャイズ契約を結ぶ方式に切り替えたのです。幸いにも、塾経営は他の事業に比べて資金的負担が少なく、また特別な資格や認可も必要ないことに加え、私たちが培ってきた運営ノウハウをもとにスタートすることができるため、オーナー希望者は着実に増えていきました。

直営からＦＣ運営への転換は、私どもの塾経営における大きな転機となりました。

## ◉格物致知――逆境の中から生まれた常識破りの学習システム

一難去ってまた一難。一クラス三人制の私どもの塾には大量の講師が必要であり、教室が増えるにつれ、今度は講師の手配という難題に直面したのです。

年間約二千名の学生アルバイトを募集し、派遣可能なエリア、曜日、教えられる科目で分類してシフトを作成。ただでさえシフトを組むのが大変な上に、総じて責任感に乏しい学生は、学期の途中で急に辞めてしまったり、無断でシフトに穴を開けてしまうことも頻繁で、その度に保護者から手厳しいクレームが飛んできます。とにかく講師の派遣問題には随分頭を痛めました。

しかも、そうして懸命に講師を派遣することによって、生徒の成績が上がるのかといえば、必ずしもそうではないのが悩ましいところでした。一クラス三人制という、ほぼマンツーマンに近い状態で懇切丁寧に教えることによって、生徒には講師に対する依頼心がついてしまい、いつまで経っても自ら進んで勉強しようという気持ちが芽生えず、成績も伸びないのです。

折悪《あ》しくバブルが弾け、生徒数の伸びは一時期に比べると鈍化していました。生徒数を維持するには月謝の見直しも検討せざるを得ず、そうすると、今度は教室の運営費が負担になってきます。

塾の運営にかかる一番大きな経費は講師の人件費、次が家賃です。この人件費と家賃を削減し、少しでも高い利益率で塾を運営する方法はないものだろうか。思案を繰り返す中で閃《ひらめ》いたのが、コンピュータを活用した学習指導でした。

当時、コンピュータは三・五インチのフロッピーディスクの時代。そこに教材を入力してパッケージ化し、コンピュータで授業を進められるようにする。それによってたくさんの講師を集める必要がなくなり、最も負担になっていた人件費を削減することができます。その上で、自宅で塾を主宰できる人を募集することで、家賃の問題も解決する。

運営経費の削減を模索することを通じて、図らずもコンピュータを活用して学習を進める現在の「ショウイン式®自立学習システム」の原型が確立されていくことになったわけです。人件費のかからない塾、教えない塾。これまでの塾の常識を覆す奇跡のような塾は、こうして誕生したのです。

## ◉失意の時期に支えになった恩師

ここまで記してきたように、私のこれまで道のりは失敗や困難の連続でしたが、それを打開するために懸命に試行錯誤を重ねる中で知恵が生まれ、道が開けてきました。

四書五経の一つ『大学』に、「格物致知」（知を致《いた》すは物を格《いた》すにあり）という言葉があります。人間本来の知恵、生きる力は、実際に物事にぶつかり体験することによって初めて得られる。私の道のりは、まさしくこの格物致知を体現する道のりであったといえます。

逆境や困難に直面した辛《つら》い時期にご縁を賜り、薫陶を受けた師が二人います。

一人は、地元福岡県ご出身の曹洞宗管長・梅田信隆禅師です。早朝より坐禅を組みに禅寺へ通っていた時のことです。一時間の坐禅の後、一緒に坐った皆さんと帰省された禅師を囲んで、法話を聴く機会がしばしばありました。

同郷ゆえの親しみも相俟《あいま》って、いただいたお話は深く心に響き、いまもなお私を支え続けてくれています。

特に印象に残っているのが、「返報を求めるな」という教えです。誰かに何かをしてあげた時に、お礼やお返しがないからといって腹を立ててはならない。あなたがしたいからやってあげたのだろう。話はそこで終わっているのであり、何かを返してもらおうと期待する心を持ってはならないと。

同じ頃、私は尺八を習い始めました。厳しい現実に打ちひしがれていた私の心が、ひと時の平穏を求めたのかもしれません。無心で尺八を吹いている時だけは、造反に遭った悔しさも、塾の将来への憂いも忘れていられました。

もう一人は尺八の師で、福岡県の無形文化財にも認定されている明暗流尺八「一朝軒」第二十一世磯玄定看主でした。「人に向かって吹くのではない。御仏《みほとけ》に向かって吹くのだ」。稽古の合間に語り聴かせてくださるお話が、荒《すさ》んだ心に実に心地よく沁《し》み渡るのでした。

師は弟子の私たちに向かって問われました。「ここにミカンが盛ってある。君たちはどのミカンから取っていく？」と。最初のミカンをまずいと思えば、最後までまずい。しかし最初のミカンをうまいと思えば、最後の一個までうまく感じるものだ。物事の受け止め方が大事だという教えでした。

こうした教えはいまでも印象に残り、私を支え続けてくれています。師のお導きのおかげで、尺八の腕前は免許皆伝を受けるまでに達し、いまでは出身地・博多の禅寺の開山忌やお葬式などで演奏の機会をいただいています。

塾の経営が順調であれば、こうしたご縁には恵まれなかったかもしれません。厳しい試練に直面したからこそ、かけがえのない師との出逢いを果たすことができた。そう思えば、逆境も必ずしも悪い面ばかりではないと言えます。また、師を通じて心の拠り所になる教えを賜ったおかげで、私は冒頭にご紹介した縦軸の価値観を養うことができたともいえるでしょう。

若い頃に何となく素通りしていた、吉田松陰先生の生き方がふと気になり始めたのはこの時期かもしれません。起業当時、名することなど夢にも思わなかった「松陰塾®」。この名前は大きな矢印となって、この後の私の人生を大きく変えていくのでした。

## ◉大転換点と始まりの赤いソファー

二〇〇八年三月、私はそれまで二十八年間兄と共に経営してきた学習塾に別れを告げ、新たに「松陰塾®」を立ち上げることにしました。五十二歳の時でした。

これからの時代はオンラインを利用した学習教材が主流になることを予想していました。独立してこれに特化した塾を新たに立ち上げ、自分の力を試してみたいという思いが募ってきたのです。兄に相談すると理解を示してくれ、私がそれまでプロデュースして構築した学習システムを新たなサーバーに構築し直し、退職金代わりに分けてくれました。

そこから新たなシステム開発と教材開発が始まりました。私についてきてくれた社員は僅か三名。十分な準備期間もなく独立することになったために、資金もなく、知名度もなく、小舟、いや泥船で大海へ漕《こ》ぎ出すような心境でした。一階の十坪のテナントに教室を設け、二階のワンルームマンションの一室を事務所としました。

さて、これからどうしよう――。

事務所にあった一点豪華主義の赤いソファーに座って、低い天井をぼんやりと仰ぎ見ていて、やがてハッとしました。お金は天から降ってくるものではない。お金は人が運んでくるものであり、人との出会いにこそチャンスがある。ならばここに座っている場合ではなく、積極的に外へ出て人に会おう。私は、情報を求めて北から南まで全国を駆け巡りました。

現在、教室数約三百か所、生徒数約九千人を擁する松陰塾®の歴史は、そうして始まりました。殺風景な事務所のあの赤いソファーは、それ以来、「座して待つな」と私どもを鼓舞するシンボルとなりました。今では、まるでそこが終着点であったかのように、古《こ》明倫館（後述）の談話室に居心地良く収まっています。

# 第四章

# 秘伝公開！
# 成功する塾経営の極意

## ◉泥だらけで掴んできたリーダーの流儀

前章で記したように、これまでの四十年以上にわたる経営人生には、辛いこともたくさんありました。中でも最も辛かったのは、破綻《はたん》の瀬戸際にまで追い詰められた塾長たちの造反でした。

こうした経験を振り返るにつけ、経営には天国か地獄しかないということを改めて実感させられます。経営がうまくいき、黒字の時は天国ですが、赤字になれば地獄。どっちに住みたいかと言えば、もちろん天国です。

では、経営に成功して天国に住むためにはどうすればよいか。私がこれまで大切にしてきたことを挙げるとすれば、素直さです。素直な気持ちで様々なものから学ぶこと。そしてその学びを踏まえてコツコツと継続して取り組むこと。シンプルですが、これに尽きると私は思うのです。

事業は一朝一夕に成るものではありません。地道な努力を省略して一足飛びに成果を求めても決してうまくはいきませんし、そういうリーダーに人はついてきません。

事業は一人ではできません。たくさんの人に支えられて初めてできるものです。そのことを自覚し、恩を大切にできる人は、運と縁に恵まれ、自ずと道も開けていくでしょう。感謝の気持ち、人に対する思いやりは決して忘れてはならないと肝に銘じてまいりました。

巷《ちまた》でよく言われる豊かな発想力や、それをすぐ行動に移せる実行力ももちろん大切ですが、これらは、素直さや地道な努力、周囲への感謝や思いやりに徹していけば、自ずと養われていくようにも思います。

あえてもう一つだけ付け加えるとすれば、明るさでしょうか。リーダーは孤独です。事業というのはよい時ばかりではなく、様々な困難を一人で背負わなければなりません。しかし、困った顔をすればすぐに周りに伝染して組織全体の士気に関わります。ですから私は、困った時もなるべく明るく振る舞うように努めてまいりました。逆に調子がよい時には、皆を引き締めるために少し渋い顔をする。

リーダーにはそのような演技力も必要かもしれません。

こうした人間力を養うためには、やはり本書の序章で記したように、古典や歴史、偉大な人物を通じて縦軸の価値観を身につけ、常に自分を磨き、高め続けることが大切です。

私は、吉田松陰先生の生き方や遺された言葉を糧に、また、先述した禅の師・梅田信隆禅師の「返報を求めるな」、そして尺八の師・磯玄定看主のミカンの教えなどを拳拳服膺《けんけんふくよう》することで、易きに流れてしまいがちな自分の弱い心を奮い立たせ、歩んでまいりました。

## ◉喜びを与えない事業は偽物である

事業を営む上で、もちろんお金は不可欠です。そしてたくさん利益を上げ、たくさん税金を払えば、その分、国や社会にも貢献できます。しかし、もっと大切なことは、何をもってお金を儲けるかです。

お金は喜びの対価。これが私の考え方です。お金を儲ける手段はいろいろとありますが、相手に喜びを与えない事業は偽物だと私は思うのです。

では、相手に喜びを与える事業とはどのようなものか。私が考えるのは、「四方よしの経営」です。

近江《おうみ》商人の教えとして有名な「三方よし」は、売り手よし、買い手よし、世間よしです。私はこれにもう一つ加え、天にもよしといえる経営こそが本物であると考えます。

事業に取り組む限りは、これを成功させ、天国に住みたいとは誰しもが願うところです。そう願うなら、自己中心的な経営をしていてはダメです。相手に喜びを与える「四方よしの経営」を貫くことで、自ずとよい結果も得られる。このことを、これまでの四十年以上にわたる経営人生を通じて私は確信しているのです。

## ◉他塾では決して得られない松陰塾®オーナーのメリット

私どもが開発した「ショウイン式®自立学習システム（ショウイン式®自立学習法）」は、教室の塾長となるFCオーナー様にも様々なメリットをもたらします。

先述の通り、松陰塾®では、教育を「教」と「育」に分けて考え、「教」、即ち教科指導は「ＡＩ－Ｓｈｏｗｉｎシステム」が担い、塾長は「育」、即ち生徒のサポート役、コーチング役を担っていただきます。

そのため、たとえ教職経験のない方でも松陰塾®のＦＣオーナーとなり、教室を運営することが可能です。学習指導はコンピュータに任せ、オーナー様は生徒を励まし、応援し、目標の設定や将来の夢について相談に乗るなど、人間にしかできない役割を果たしていただくのです。あえて逆説的に「教えない塾」と謳うことで、一人ひとりの自立学習を支え、徳育を通じて人間的成長を促していただく。社会経験を通じて人間力をしっかり養ってこられた方こそが適任といえます。

また、塾の経営負担を少しでも軽減して子どもたちの指導に専念していただくため、生徒人数分のシステム利用料だけで、ロイヤリティーはいただいておりません。教科指導は「ＡＩ－Ｓｈｏｗｉｎシステム」が行うため、最大固定費として塾経営を悩ませてきた講師の人件費を大幅に削減できる上に、省スペースでの塾運営も可能となるのです。

しかし、どんなに優れたシステムがあっても、生徒が集まらなければ塾は成り立ちません。

## ◉講師の人間力こそが成功の鍵

保護者が安心するブランドの訴求方法、チラシやCMなどPR媒体の活用法など、松陰塾®には、長年の経験にもとづく生徒募集ノウハウが確立しています。こうしたノウハウを、開塾前の本部研修、開塾後の生徒募集フォローなど、業界随一ともいえる手厚いサポートによって提供し、多くのオーナー様を成功へ導いています。

保護者の塾選びのポイントは、まず家から近くて通いやすいということを前提に、安心感があるかどうか。その安心感の背景となるのがブランド力、つまり名前を聞いたことがあるか、評判が良いかということが重要になってきます。

しかし、高い加盟金を払ってブランドを手に入れれば、黙っていても生徒が集まってくるというのは大きな誤解です。

大切なのは、その塾のオーナーの質、塾長の質です。保護者が我が子を安心して任せられるオーナーや塾長であるためには、人間力をいかに高めるかが鍵となります。そのため松陰塾®では、定期的に塾長向けの研修を開催し、松陰塾®の理念、志から始まり、保護者との向き合い方、生徒を導くコーチングの方法まで、懇切丁寧に指導しています。

例えば笑顔。笑顔でなければ人はついてきません。そして傾聴。保護者が何を悩んでいるのか、笑顔で向き合いながらしっかりと耳を傾け、お子様を自分の塾に預けるメリットを的確に説明する。そして最後に「お任せください」と力強くお伝えすることで、入塾が決まります。事前にそこまでシミュレーションして徹底的に訓練を重ねておかなければ、入塾は実現しないと認識しておくべきです。

生徒募集で最も大切なことは、塾長の人間力であるということをぜひとも心に留めておいていただきたいと思います。私どもは、塾長に人間力を養っていただくために、人間学を学ぶ月刊誌『致知』を松陰塾®の全塾長に配布。そこで紹介されている一流の人物の生き方を読み、お互いの感想を交換する「木鶏会」を定期的に開催することを通じて、塾長同士が切磋琢磨し、お互いに高め合う環境を提供しています。

## ◉生徒募集は営業活動と心得よ

塾経営に成功するには、スピードも重要です。

保護者がお子様の塾通いを検討する際の手がかりとなるのは、インターネット上の塾の比較サイトです。年間利用者数は現在二千万人以上にも上り、自宅の最寄りの塾を一覧表示して一斉に資料請求を行うことも可能であるため、ここにも目配りをしてしっかりした対策を考えておかなければなりません。

松陰塾®の塾長には、資料請求が届くとすぐにスマートフォンに通知が届くようになっています。これに即時対応することで、他の塾に先駆けて選ばれる可能性が高まるのです。

保護者にとって最も大きな関心事は、我が子がその塾に通ってどう変わるのか、そして志望校に合格できるのかであり、常に厳しく見ています。松陰塾®では、これに応える営業ツールとして全国選抜文集「徳育・自立」を毎年制作。「徳育・自立」は松陰塾®の特色の一つである徳育と自立をテーマとして、「塾生が選ぶ松陰先生の言葉」「私が入塾して変わったこと」「合格体験記」で構成されています。

こういう泥臭い話をすると、教育活動とかけ離れているようで違和感を持たれる方もあるかもしれません。しかし先述した通り、いくら優れた教育理念、学習システムがあり、塾長が秀《ひい》でた教育者であっても、生徒が集まらなければ塾は成り立ちません。そして生徒募集＝営業活動です。塾の経営を希望するなら、教育と生徒募集はハッキリ分けて考え、生徒募集に限っては営業マンに徹すること。塾運営を軌道に乗せる上では、まずこのことを自覚しなければなりません。

幸いなことに、松陰塾®で塾経営を目指す方には、それだけで大きなアドバンテージを得られることになります。私どもの塾で生徒募集をすることの最大のメリットは、人育ての神様と謳われた吉田松陰先生のお名前を塾名として掲げていること。そして松陰塾®が、「松下村塾を継承する塾」として認められた唯一の塾であるということです。生徒を募集する上で、これ以上大きなアドバンテージはないでしょう。

## ◉塾運営を成功へ導く「十の極意」

他の事業に比べ、塾開業のハードルは驚くほど低いといえます。資格は要らない、国の許可も要らない、特殊な技能がなくてもいい。さらに資金も他業種ほど多くは必要ありません。そのため、「何でもいいから、お金儲けさえできればいい」という人も参入してきます。しかし、そういう人が塾経営に成功することはありません。

塾経営に成功したい人は、まず「志」を具体化した教育理念、さらには経営理念も真剣に考えることです。これがなければ、人の心は動かせないからです。

そこでここからは、私が今日まで四十余年、のべ千校以上の塾を開業して培ってきた、松陰塾®を成功させるための十の極意を特別にご紹介したいと思います。

## 一、入門の流儀

### 先入観と我流は捨てなさい

勉強は講師が授業を行い、生徒はそれを受講して学ぶもの。

この先入観を捨て去らなければ、塾経営を軌道に乗せることは困難でしょう。なぜなら、学校教育の融通が利かない点を補完するのが塾であり、学校と同じやり方を踏襲する人は、そもそも塾では求められていないのです。

私はこれまで、教師や塾講師の経験がある方ほど、この先入観を捨てきれずに失敗・挫折していく姿を数多く見てきました。

私どもが考える講師は、タレントでもスターでもありません。松陰塾®で生徒を指導するなら、「ショウイン式®」のプロに徹することです。生徒が主役であり、講師は黒子、あるいは応援団と心得ることが大切です。

学校で勉強についていけず、個別塾でも駄目で、家庭教師をつけても学力がつかない子どもたちに、同じ失敗を繰り返させてはなりません。これを解決するには「自ら学ぶ」方法を身につけさせる以外にありません。

しかし、我流の自立学習法を授けるのも得策ではありません。あなたが思いつく程度のことは、いまも進化を続けている松陰塾®が四十年以上の歴史の中で既に試し、取捨選択済みです。せっかく松陰塾®に加入したのに、わざわざ我流で「ショウイン式®」に四十年以上遅れる塾になるのはもったいない。自己流・我流も捨てることが大事です。

## 二、不安を絶つ術　乗ったならば信じ切れ

生徒たちは講師を信じ、尊敬し、ロールモデル（お手本）として指導を受けたいと願っています。その尊敬の対象者が「この教材はダメだ」と言った瞬間に、生徒たちも「そうだ、そうだ！」と思うでしょう。

たった一度の教材批判も、してはなりません。塾やあなたへの信頼が崩れ始めます。疑いや不安は生徒たちにとって勉強をしない口実になり、その生徒たちが退塾して噂が広まります。その時に代償の大きさを感じても遅いのです。

教師は教材を信じ抜くこと。その姿勢が生徒たちに伝わることで、逃げ道のない、安心して学べる教材として認知されるのです。

## 三、聞く側の度量

### 素直な心で進化に臨め

経営の神様と謳われた松下電器産業（現・パナソニック）の創業者・松下幸之助は、「素直な心」を次のように説いています。

「素直な心というものは、よいものはよいと認識し、価値あるものはその価値を正しく認めることのできる心である」と。

松陰塾®の学習システムで塾を運営する方には、この心を軽視しないでいただきたいのです。

「いらない世話だ。自分の過去の経験を生かしてやりたい」といった拒否の態度。さらには「表面では守ったふりをして、裏では自分の思う通りやりたい」というように、疑いの心で受け止める人は、考えの浅さに気づかなければ、塾の先行きは危ういと言わざるを得ません。

私は四十年以上にわたり、一筋に教育を考え抜き、試行錯誤の末に創り上げた学習システムを全国に広め、のべ数万人の子どもたちを指導してきました。そして業界の先行者として、指導法、システム、教材の内容、生徒募集方法、月謝の集金方法など、塾経営に関わるすべての分野で常に進化し、リードし続けています。大手塾チェーンですら、私どもの真似をし始めています。

自分が加盟するグループに、敵愾心《てきがいしん》を持って拒否の態度をとって停滞してはいけないし、後戻りしてもなりません。松陰塾®の学習システムを心の底から信じ抜き、素直な心でついてきてほしいのです。

## 四、啓発する立場

### 教えるハラスメントはもうやめよう

自立学習の最大の敵は、生徒たちの「講師への依存心」と私は断言します。だから松陰塾®では、「教えない」指導を徹底しています。この試みは当初こそ一笑に付されましたが、いまや「教えない」は少しずつ業界の常識になりつつあります。

勉強嫌いな生徒たちには、手取り足取り熱心に教えなければならない、と多くの人は考えます。しかしそれは、もっと合理的な方法があることを知らないだけなのです。

そもそも子どもたちは、「教えを受ける力」が十分ではないと考えるべきです。仮に、超一流の経験豊富な講師が指導したとしたら、全員の学力は上がるでしょうか。否です。優しく上手に教えてもらうことに甘える気持ちが大きくなり、わからなければ講師のせいにする。それでは、子どもの学力は伸びません。自立学習能力がついていないにも拘らず、教える指導をする行為は講師の自己満足。私どもはこれを将来、「教えるハラスメント」と呼ぶことになるでしょう。

## 五、見立ての眼力

### 七十八対二十二は、成功の物差し

七十八対二十二。この自然界に多く存在する黄金律をご存じでしょうか。体を占める水分（七十八％）とそれ以外（二十二％）、地球の海（七十八％）と陸地（二十二％）等々、これは経営など様々な見立てに使える成功の物差しでもあります。

私は、自立学習の成功法則も七十八対二十二を意識しています。学力の不十分だった子どもが、試験前に松陰塾®の自立学習教材を使って百の問題を繰り返し解き、七十八点を超える点数を取れば大成功といえるでしょう。子どもは自信と同時に成功体験を手にします。頑張れば八十点を取れる自分に気づく瞬間です。

この七十八対二十二の法則を意識してつくられている松陰塾®の自立学習教材は、小学一年生から中学三年生までの五教科、約十二万問題を収めています。他の教材をやる必要がない十分な量です。他教材をやると消化不良を起こし、子どもが混乱してしまうので、約八割の学習能力がつくまでは一切他の教材をさせるべきではありません。

八割の学習能力が養われ、自信をつけた子どもは、勉強が楽しくなり、自ら学び、初めて百点を取るようになるのです。

## 六、本家の自覚

### 自立学習が身につく唯一の方法

「自立」とは、他の助けや支配なしに自分一人の力だけで物事を行うこと、依存・他責しない状態であるとされます。

自立学習とは、生徒が一人で勝手に学ぶ勉強のスタイルではありません。よい型にはめて訓練を強制することで自然に「自立学習」の型をつくることができます。自由の反対「強制」によって、自立学習が可能になるのです。

松陰塾®の最大の約束は「教えない」ことです。そのために、生徒が講師に依存せずに学べる自立学習教材を通じた学習を徹底させています。そこには、生徒の好き嫌いというわがままな感情や意思が入る隙《すき》はありません。つまり自由に学習できないようになっています。なぜなら、基礎学習を徹底することで、八割の得点力がつくからです。八割の得点力がつくと、生徒は自信とやる気が出て、「わかることが嬉しい・楽しい」状態になります。自ら進んで学ぶ意欲が湧いてきて、いずれ百点が取れるようになるのです。

つまり「自立学習」＝「強制学習」により基礎力を徹底して養うことなのです。

## 七、良き師の行動

### 「志」の種を蒔く師となれ

「志を立てて以て万事の源と為《な》す」

吉田松陰先生が遺した言葉には、「志」が数多く出てきます。松陰先生の説く「志」は、世のため人のために事を成すことでした。生前には叶いませんでしたが、その命懸けの行動は人々を変え、維新を起こし、近代化を実現し、日本の危機を救う原動力になりました。

「志」とは自分のための目標や夢の先にあるものです。到達時間さえわかりませんが、不退転の覚悟で臨む価値あるチャレンジです。

将来、松陰塾®の門下生（塾生）から世界平和を実現する人物が生まれるかもしれません。まず夢を目の前の目標に変える力をつけさせながら、「志」の種を蒔くことが私どもの「志」であると思い定めています。

松陰塾®では、徳育にも力を入れています。自立した学習の習慣をつける過程で、何のために学ぶのかを子どもたちに自ら考えてほしいからです。

自ら計画を立て、誰の助けもなく新しいことにチャレンジするための推理、想像、試行錯誤できる能力が身についてこそ、初めて「自立学習」ができる能力が身についたと言えます。松陰塾®の経営に臨む方には、この一生役に立つ能力を子どもたちへ贈ってほしいのです。

テストの点数を上げること、入試に合格するために偏差値を上げることは、その過程であって最終目標ではありません。「自立学習」能力が身につくまで導き育てることが、私どもの本当の役割なのです。

## 八、逃げない覚悟
### 他人のせいは危険水域

うまくいかないことを自己反省せず、すべて他人のせいにする人がいます。自己反省を上手にできない人は、いつまでも自己を改良できないので、また同じ失敗を繰り返すことになります。他人のせいにし始めたら、危険水域にいることを自覚すべきです。特に経営に黄色信号が点っている時は、他人のせいにしている場合ではありません。全身全霊を懸けて事態を好転させなければ廃業となります。

まずは、失敗の原因は百%自分にあると認めること。これを受け止める勇気が足らない人が多いのです。この勇気がない人は、失敗の根をどんどん太らせ、すべての人を敵に回して八方塞《ふさ》がりになります。

本部の助言にもう一度耳を傾け、厳しくとも気持ちを込めた指摘を受け止めましょう。

この世はすべて原因と結果でできています。よい種を蒔けばよい結果が出るし、種を蒔かなければ何も収穫できません。あなたに起こる成功も失敗も、すべて自分が原因をつくっていることを知れば、その時、あなたは既に成功への道を歩き出しているのです。

人のせいにする癖を直そう。いまから魅力的な人になると誓おう。

成績が伸びないのを人のせいにする子どもがあなたの塾に来た時、あなたがまずお手本となり、正しく導いてあげられるように成長していただくことを願っています。

## 九、行動の源泉

### 無を動かして、お金を活かす

お金のあるなしに拘らず、無の活用を知らなければなりません。広告宣伝にお金をたくさんかければ、一時的に生徒は集まります。しかしお金だけかけても、継続的に採算が取れる塾にはならないでしょう。成功する塾ほど、無の活用を知っています。

例えば、お金を一円もかけずに生徒を増やす方法を考えてみましょう。チラシもパンフレットもないとしたら、あなたはどうしますか？

通常の広告宣伝では、借りてきたようなアイデアしか展開できません。お金のあるなしに拘らず、まずアイデアを出すこと。気持ちよく学べるように一所懸命に教室やトイレを掃除をする。いろいろな人に心から笑顔で接する。近所のお店に出向いて生徒を紹介してもらう。笑顔での挨拶や声かけをする。成功している塾に出向いてその真似をする。一軒一軒戸別訪問して自分を売るなど、いろいろなアイデアや知恵が出てくる。

生徒が集まると自信が出てくるし、声かけをしているあなたの言葉の質まで変わり、周りの評判もよくなる。覚悟はアイデアを生む無限の泉なのです。

知恵と覚悟ができたあなたが、お金に頼らずに生徒を集めた時、その自信は宝となります。その時に初めて十万円の予算を組んでみる。そうすると予算のありがたさを実感でき、正しい使い道がわかるようになる。そしてお金には代えられないサービス精神がつくと、生徒・保護者に好かれ、魅力的な人となり、どんどん生徒が入ってくる。かくて口コミが広がり繁盛する塾ができあがるのです。

## 十、経営の心得

### 幸せが巡る「四方よしの経営」

相手に喜びを与えれば、喜びが返ってくるのが人生の法則です。高い志を持って真摯《しんし》に塾の運営に取り組めば、それは必ず生徒の数となって返ってきます。前にご紹介した「四方よしの経営」こそが、まさにそれです。

売り手よし、買い手よし、世間よしの「三方よし」の大切さを説く近江商人の心得。売り手と買い手が共に満足し、社会貢献もできるのがよい商売であるという教えです。これに「天もよし」を加えるのが松陰塾®の「四方よし」です。

売り手は「塾」、買い手は「生徒・保護者」。「生徒・保護者」のことを考え、勉強で困っている子、成績が伸び悩んでいる子を持つ保護者を、一刻も早く救ってあげなければならない。そのために生徒募集を怠ってはならないと考えるのです。

世間は「松陰塾®グループの仲間」。自分の塾で不祥事を起こせば、全体に迷惑がかかることを自覚する。「自分の塾さえ儲かればよい」ではダメ。成功事例は内緒にせず、グループ全体で共有する。本部へ報告すれば全体に広まる。これが松陰塾®の同志としての思いやりです。

そして、天は「吉田松陰先生」です。松陰塾®は、学問の神様・吉田矩方命《のりかたのみこと》としても信仰を集める松陰先生の教育理念に学び、さらにお名前まで拝借しています。名に恥じぬよう日々精進しなければなりません。

松陰塾®は、「四方よしの経営」を通じて周囲すべてをよしとする、幸せ日本一の塾を目指しているのです。

# 第五章

## 子どもの心に火を点す

――こうすれば、子どもはどんどんやる気を発揮する！

## ◉子どもの学力は、ただ教えればつくわけではない

長年の塾運営を通じて実感しているのは、子どもの学力は、ただ教えればつくというものではないということです。逆に、講師が一所懸命教えれば教えるほど、子どもは楽ができ、講師に対する依存心を助長してしまうことになります。講師の説明をただ受け身で聞くだけのインプット学習の問題点です。

先述の通り、松陰塾®ではこの問題を解消するために、教育の「教」と「育」を分けた生徒指導を実施しています。教＝ティーチングはパソコンの学習システムが担当し、「わかるの三大法則」にもとづいて基礎学力を徹底的に養い、自立学習の土台をつくります。

その過程で、生徒が勉強を負担に感じるような時にはケアが必要です。生徒を見守り、励まし、応援し、目標の設定や将来の夢について一緒に考えて、一人ひとりのやる気にスイッチを入れていく。そうした人間にしかできない部分が「育」＝コーチングであり、それを担うのが講師です。

## ◉どの子どもにも共通する「やる気のスイッチ」

子どものやる気のスイッチは、一人ひとり異なります。しかし、どの子にも共通するスイッチが、「わかった！」という喜びの体験です。

人間にはもともと向上心が備わっているので、勉強がわかり始めると面白くなります。わかる喜びを体験すると、自分から進んで勉強をし始めるのです。逆に、子どもの成績が伸び悩むのは、勉強がわからないからであり、わからないから勉強に対するやる気も湧いてこないのです。

ならば、わかるところまで戻しましょう、というのが「ショウイン式®自立学習システム（ショウイン式®自立学習法）」です。

「わかるところから始める、わかるまで先に進まない、わかるまで繰り返す」の「わかるの三大法則」にもとづいて、階段を上るように着実に学力を養っていくことによって、生徒は意欲的に学習に取り組むことができるのです。

授業を山登りに置き換え、一つの単元を一つの山と考えてみましょう。子どもたちの中には、どんどん先へ行ってしまう子もいれば、ついて行くのに必死な子もいて、その差は登るにつれてどんどん開いていきます。学校の先生は、皆の足を止めて後ろの子が追いつくのを待つことができません。カリキュラム通りに山を登り切らなければならないからです。結局、先生を見失った子は、諦めてしまいます。

しかし、もしこの山に頂上までの階段があったらどうでしょうか。それも、段差の小さい、真っ直ぐな階段が。子どもたちは、先生がいなくても自分のペースで勝手に上っていけます。歩くのが遅い子どもも、時間をかければ無理なく確実に頂上に立てます。

「ショウイン式®自立学習システム」は、学習単元をスモールステップに細分化し、徐々にレベルを上げていく、まさに麓《ふもと》から頂上へ通じる一本の上りやすい階段なのであり、学力の差を時間の差に置き換える学習法なのです。勉強内容は難易度に応じて十~二十のステップに分かれており、ステップごとに用意されている問題を、ランダムに五問出題し、三問できれば一段上がり、全部間違うと一段下がる。できる分野はどんどん先に進み、できない分野はできるところまで遡り、自分のペースで理解しながら進めていくため、自信がつき、自立学習力がつくのです。

勉強が躓《つまず》く要因は、わからないまま先へ進むことです。しかし「ショウイン式®自立学習システム」では、正解するまで先に進めず、わかるまで徹底して繰り返す仕組みになっているため、弱点克服に大きく寄与します。

## ◉基礎学力こそ自立の一歩

こうした学習法は、コンピュータが最も得意とする分野といえるでしょう。

同じことを人間の講師が行えば、子どもは「何て厳しい先生だろう」と反発し、やる気を失ってしまう可能性があります。そして講師も、先入観から子どもの習熟度を見誤ったり、あるいは子どもの態度に流されてつい手心を加え、「わかるところから始める、わかるまで先に進まない、わかるまで繰り返す」という大原則を徹底できない恐れもあります。

しかし、コンピュータがこれを行うことによって、そうした人間的な思い込みや情を一切介在させることなく、淡々と着実に学習を進めることができます。そして子どもたちも、相手がコンピュータであれば割り切って学習に打ち込めるのです。

松陰塾®の生徒の皆さんには、この優れた学習システムの恩恵を十分に受けていただくために、定額・低価格の「通い放題コース」を設けています。躓き始めた学年に戻って学習をスタートし、基礎学力の養成に必要な学習量・学習時間をしっかり確保していただくためです。講師の人件費が嵩《かさ》む従来の個別塾と異なり、教科の指導をコンピュータが行う松陰塾®だからこそ実現したコースといえます。さらにタブレットの貸し出しも行い、ＩＤとパスワードを入力すれば、自宅でも教室と同じ環境で勉強ができるようにしています。

こうして一段一段階段を上るようにして単元を終了すれば、その単元で確実に八十点取れる基礎力が身についています。自信のついた生徒は、やる気のスイッチが入り、自ら進んで勉強する自立学習を実践していけるのです。八十点が取れる基礎力は、「ショウイン式®自立学習システム」を通じて強制的に繰り返し実践することで養われます。そしてその上の九十点、百点は自立学習によって目指していく領域と言えるでしょう。自立学習へ向かうための種を蒔くことが、私ども松陰塾®の仕事なのです。

## ◉徳育の力を信じて生徒を導く

しかし、すべてがコンピュータで完結できるほど教育は単純ではありません。時にやる気を失い、勉強の目的を見失って、勉強から逃げたくなった時に、応援し、励ます存在が必要です。このコーチングの役割を担うのが、塾長、講師を務めるＦＣオーナー様なのです。

「教えない塾」を標榜《ひょうぼう》する松陰塾®では、「教」の部分はコンピュータが担当するため、先生は生徒の傍につきっきりで学習指導をすることはありません。その代わり、少し距離を置いて見守ってあげること。生徒はそうして先生がほどよい距離感で見守り、寄り添ってくれるだけで安心感を得て、勉強に打ち込むことができるのです。

そして松陰塾®のＦＣオーナー様には、松陰先生の「学は人たる所以を学ぶなり」という教えを踏まえて生徒指導を行っていただきます。勉強で一番大切なことは、人間として大切なことや、人間はどのように生きていくべきかを学ぶこと。縦軸の価値観にもとづく徳育を通じて生徒を導いていくのが松陰塾®の講師なのです。

私どもは、常に次の時代を見据えて行動することを大切にしており、子どもたちの学びに何が必要なのかを考え続けています。例えば、学習塾業界でいまや当たり前となりつつあるタブレット学習など、塾のデジタル化に黎明期《れいめいき》から取り組み、業界をリードしてきました。そのため、デジタル環境を上手に活用する文化が根付いており、デジタル化に踊らされることなく、子どもたちはメキメキと実力を伸ばしています。

では、次の時代に必要となるのは何でしょうか?

私どもは「徳育」であると考えています。塾の運営はもちろん生徒の学力を伸ばすことですが、それだけでは不十分だと私は考えます。見かけの点数だけを追い求めていては、先行き不透明なこれからの時代に、自分の足で未来を切り開いていけるマインドを育むことはできません。

「なぜ勉強しなければならないのか？」

子どもたちのこの素朴な疑問に対して、明確な指針を与える塾でありたい。松陰先生が説かれた「学は人たる所以を学ぶなり」という遺訓を原点に、縦軸の価値観を踏まえた人間学にもとづく徳育を実践したい。こうした根本的な部分に触れない勉強には、子どもたちは本気で打ち込む気にはなれないと私は思います。だからこそ私どもは、吉田松陰先生の教えを指導に取り入れながら、学びを深めていく努力を重ねているのです。

## ◉共鳴する松陰先生の言葉と子どもたちの心根

その一環として松陰塾®では、生徒の入塾時に吉田松陰先生の二十一の名言を厳選した小冊子『松陰塾®門下生読本』を全員に無料配布しています。

松陰先生の言葉は松下村塾の門下生のみならず、現代を生きる多くの人々の魂をも揺り動かし続けています。このエネルギーに満ちた言葉を通じて、先生の志、至誠、学問への思いを学ぶと共に、松陰塾®塾生の心得にしてほしいと願って作成したものです。
『松陰塾®門下生読本』に収録している言葉を、一部ご紹介しましょう。

『松陰塾®門下生読本』

**「時に及んでまさに努力すべし、青年の志を空《むな》しうするなかれ」**
(好機に巡りあった時には、しっかり努力しなさい。好機を逃して青年としての若き志を無駄なものとしてはいけない)

**「今日よりぞ　幼心を打ち捨てて　人と成りにし　道を踏めかし」**
(今日からは、親に甘えていた気持ちを捨てて、立派な成人となる自覚をもって生きていこう)

**「人賢愚《けんぐ》ありと雖《いえど》も、各々一二の才能なきはなし、湊合《そうごう》して大成する時は、必ず全備する所あらん」**

（人にはそれぞれ能力に違いはあるけれども、誰でも一つや二つの長所を持っているものである。その長所を伸ばせば必ず立派な人になれるであろう）

**「聖賢の貴《たっと》ぶ所は、議論に在らずして、事業に在り。多言を費すことなく、積誠之《こ》れを蓄へよ」**

（立派な人が大事にするのは、議論ではなく、行動することである。口先ばかりではなく、人としての誠の行いを積み重ねなさい）

**「誠は天の道なり。誠を思うは人の道なり。至誠にして動かざる者は未《いま》だ之れあらざるなり」　※孟子の言葉を手紙に認めたもの**

（こちらがこの上もない誠の心を尽くしても、感動しなかったという人にはいまだ会ったためしがない。誠を尽くせば、人は必ず心動かされるということ）

**「親思ふこころにまさる親ごころ**
**けふの音づれ　何ときくらん」**

（父母のことを心配している私の心より、私を心配してくださる父母の心のほうがはるかにまさっている。今日の便り《私の死刑確定の知らせ》をどんな思いでお聞きになるのであろうか）

いずれも心を深く揺さぶられる名言ですが、この『松陰塾®門下生読本』を読むだけではただのインプットに終わり、松陰先生の大切な言葉が子どもたちの血肉となりません。そこで、「ＡＩ－Ｓｈｏｗｉｎシステム」の中にゲーム感覚で挑戦できる「門下生読本暗唱クイズ」を盛り込みました。パソコンの画面に松陰先生の言葉についての穴埋めクイズを出題し、満点を取ると文房具に交換できるコインがもらえる仕組みになっています。子どもたちは、このクイズをひと月もやればほとんど覚えてしまいます。

さらに、この小冊子から一つ句を選び、その理由をまとめた作文を募集することで、松陰先生の教えを深く心に刻んでもらえるよう導いているのです。

もちろん最初は、一つひとつの言葉に込められた松陰先生の思いを深く理解することはできないかもしれません。けれども『松陰塾®門下生読本』を読み、クイズや作文に挑戦することを通じて先生の言葉に親しむ中で、子どもたちの心の中に着実に徳育の種が蒔かれると私は考えます。

この小冊子を通じて松陰塾®の生徒としての心得を知ると同時に、将来、塾生同士が「松陰塾®門下生」として互いに語り合い、助け合い、切磋琢磨し、人の役に立つ「志」を持った人に成長してくれることを私は願っています。

また、生徒にこうした人間学にもとづく徳育を浸透させるためには、保護者の理解も深めていただくことが大切だと私は考えます。

その一環で、二か月に一回配布する保護者通信『飛耳長目』の紙上で、上田名誉宮司の連載「松陰先生の生い立ち」を掲載する他、「保護者のための『人間学』」というコーナーを設け、先にご紹介した致知出版社社長・藤尾秀昭氏のご著書の内容を紹介しています。さらにユーチューブで公式チャンネル「ショウインン先生いらっしゃい！」を運営し、全国の松陰塾®で活躍する塾長先生へのインタビューを通じて各々の取り組みを紹介しています。

人間学にもとづく徳育を実践していくことによって、生徒たちは学力ばかりでなく、人間的にも成長を遂げていきます。

全国の塾長からも、以下のような嬉しい報告が日々寄せられており、大きな手応えを感じています。

・入退室の際に「よろしくお願いします」「ありがとうございました」という挨拶がしっかりできるようになった。

・「きょうは何をやったらいいですか?」と指示待ちだった生徒が、「きょうはこの単元でいいんですよね?」と自ら課題を見つけ、黙々と学習を進めるようになった。

・学校ではやんちゃだったり、授業中にお喋りをしてしまったりしていた生徒が、学校や家庭でも集中して勉強するようになった。

私自身も、萩市内に建設した「交友館」を訪れた生徒が、敷地内に設置した松陰先生の銅像の前できちんとお辞儀をする様子を見て、思わず顔がほころぶことがしばしばあります。

取るに足らないことのように感じられるかもしれませんが、こうした当たり前のことが当たり前にできるように導いていくことが、徳育の第一歩です。そして、こうした地道な取り組みを積み重ねていくことによって、子どもたちの可能性は大きく開けていくと私は信じているのです。

# 第六章

# 天命に生きる

## ――次代を見据えて

## ◉天が私に「もうひと働きせよ」と告げている

二〇二一年九月、私は新型コロナウイルスに罹患《りかん》しました。一時は死を覚悟するほどに症状は重篤でしたが、おかげさまで奇跡的に快復し、何とか復帰を果たすことができました。私はこのことに、一つの天意を感じずにはおられません。天は私に「もうひと働きせよ。これまで以上に世のため人のために尽くせ」と告げているのではないだろうか――。

私はそう思い定め、新たに高等学校を創設することを決意したのです。

文部科学省の発表によれば、二〇二三年度の小・中学校の不登校児童生徒数は過去最多の約三十四万六千件にも上るそうです。私はこの現状を深く憂えています。日本の教育は、深刻な危機に直面していると共に、大きな転換期を迎えているのではないでしょうか。

私が来春から新たに高等学校の運営を手がけることを決意したのは、こうした教育の窮状を何とかしたいという、やむにやまれぬ思いに突き動かされたからなのです。

この学校は、通学だけでなくオンラインでも授業を受けて高校卒業の資格を取得することができる広域通信制の高等学校です。生徒は自宅や近隣のサポート校などで学習し、定期的に本校の教員との面接や課題提出などを通じて、学習進《しん》捗《ちょく》を確認しながら高卒認定を目指すことができます。

これまで四十年以上にわたり追求してきた自立学習の集大成ともいえるこの高等学校の設立によって、行き場のない不登校の子どもたちを受け入れ、一人ひとりの個性や才能を引き出すカリキュラムを通じて、各々が自らの力で人生を切り開く手助けをしたい。そして、松陰塾®で実践してきた人間学にもとづく縦軸の学問、徳育を、日本の未来を担うたくさんの若者に施していきたいと考えているのです。

従来の全日制の学校であれば、指導できる生徒の数にも限界がありますが、広域通信制であればそうした制約にとらわれることなく、たくさんの若者を導いていくことが可能となります。先の見えないこの不透明な時代に、吉田松陰先生の名前すら知らないいまの多くの若者に人間学にもとづく教育を施すことができれば、各人の将来ばかりでなく、日本の未来にも大きな光をもたらすことができると思うのです。

この計画には、全国に約三百校ある松陰塾®のオーナー様からも、大変大きな期待を寄せていただいています。松陰塾®で学ぶ生徒の中には、実は不登校で行き場所のない子どももおり、もしそういう高校ができればぜひその子たちに入学を勧めたいといったお話がたくさん寄せられており、ニーズの大きさを肌で感じています。私どもの高校で新たな可能性を開くことができるなら、これ以上の喜びはありません。

入学した生徒には、年に一回、スクーリングで萩を訪れてもらいます。そして松陰先生の生誕地を見学し、松陰神社境内の清掃活動を行い、上田名誉宮司のお話を聴講する。自分たちが在籍する学校の源流である吉田松陰という人物に思いを馳せ、一人ひとりの立志に結びつけてもらいたい――そんな夢を思い描いています。

## ◉類い稀なる天の追い風を受け続けて

私は、新たに創設する高等学校が、停滞する日本の教育に大きな一石を投じることになると確信しています。それは、松陰塾Ⓡが現代に蘇る松下村塾として、類い稀なる天の追い風を受けていることを実感しているからです。

「学は人たる所以を学ぶなり」を掲げて塾を展開する中、奇《く》しくも松下村塾がユネスコ世界文化遺産として認定され、これに呼応するように加盟校が急増した。また、松陰神社より特別のお許しを得て松下村塾の傍に顕彰碑を建てた後、松陰塾Ⓡのキャラクターデザインを描いていただいたイラストレーター・谷口亮《りょう》氏の作品が、東京オリンピック・パラリンピックの公式マスコットに選定され大きな話題を呼んだ。そして同年、松陰神社の境内に「学びの道」を整備し、松陰先生の句碑を建立することができた。いずれも、私どもの独力では決して成し得ないことばかりです。

松陰塾Ⓡは、学問の神様・吉田矩方命としても信仰を集める松陰先生の教育理念に学び、さらにお名前まで拝借しています。名に恥じぬよう日々精進を重ね、たくさんの生徒を導いてきたことに、天が応えてくれたのかもしれません。

さらに思いがけないことに、二〇二一年には松陰先生と縁の深い旧萩藩校「古明倫館」の跡地を継承するご縁に恵まれました。

「古明倫館」は一七一九（享保四）年、萩藩五代藩主毛利吉元《よしもと》が萩城三の丸（敷地面積九百四十坪）に創建した藩校です。日本三大学府にも数えられる全国有数の教育施設であり、藩士はもとより百姓・町人にも聴講が許可され、吉田松陰先生も約十年間教鞭《きょうべん》を執りました。

残念ながら、一八四九（嘉永二）年に江向へ拡大移転された後は、その跡地の存在は歴史の彼方に埋もれてしまい、長らく地元でも忘れられた存在となっていました（古明倫館と呼ぶのはこういった経緯からです）。不思議なご縁でこの古明倫館跡地と跡地に建つ築九十年余の古民家を取得・継承した私どもも、最初にお話をいただいた時には、恥ずかしながらそこが松陰先生にも縁のある藩校跡だとは知るよしもなく、事情を知って不思議な天の導きを感じたものです。

この大切な場所をいかに活用すべきか。跡地のある堀内地区は、世界遺産認定の伝統的建造物群保存地区でもあります。この歴史の面影を残す地区の知名度を回復させ、訪れる人を増やすために、萩市とも連携。跡地に隣接した土地を入手して、二〇二二年より区内唯一の無料駐車場（約四百坪）を整備すると共に、観光イベントへの協力も始めました。そして二〇二四年、跡地内の古民家のリノベーションを行い、一棟貸ホテル「樹々庵《じゅじゅあん》」として開業しました。

名前の由来は、松陰先生が生を受けた「樹々亭」からきています。先生は明倫館（現・古明倫館）に通いながら、兵学師範として独立するまで十九年の歳月を樹々亭で過ごしました。

城下町の雰囲気が残されている立地で、季節ごとに移ろう庭木を愉《たの》しみ、歴史に思いを馳せながら、ゆったりとした時を過ごしていただきたいと願っています。

## ◉吉田松陰縁の地・萩への恩返し

樹々庵の運営と堀内地区の活性化は、私どもを支え続けてくださった吉田松陰先生縁《ゆかり》の地・萩への恩返しの思いで取り組んでいることの一つです。樹々庵を

萩明倫館高等学校

開業に漕ぎ着けた後も、私はいま三つのミッションを掲げ、実現に向けて取り組んでいます。

一つは、先述した広域通信制高等学校の創設を通じて、たくさんの人を萩に呼び込むこと。学校のスクーリングに参加するため、毎年千名以上の高校生が保護者と一緒に観光を兼ねて萩を訪れることも夢ではありません。

校名は古明倫館跡地を継承していることと、そして萩の地名を全国の高校生や保護者様にも知っていただきたいとの想いで学校法人明倫学園「萩明倫館高等学校」とすることにしました。萩市長からも快諾いただきました。

二つ目は、松陰神社境内の「学びの道」を、神社の参道を清水口まで延長することです。

清水口は、松陰先生が東北遊学脱藩の罪を問われ謹慎していた杉家の借家があった場所で、松陰先生が使った井戸がいまだに涸《か》れずに残っています。松陰という雅号を初めて使用した住居跡として石碑も残っています。この清水口まで参道を延長し、お土産・飲食店舗を誘致すれば、一級の観光スポットになる可能性もあります。

三つ目は、次世代の乗り物として脚光を浴びている「ドローンバス」で萩の中洲を取り囲む松本川と橋本川を飛行し、江戸時代の街並みを低空から観光していただくというもの。国内のどこよりも先駆けて導入することで、話題性も手伝い見学者が押し寄せることでしょう。

私どもが松陰先生から真剣に学ぶべきものは、志であり情熱です。萩への恩返しとして、まず行動を起こし、この三つのミッションを必ず達成する考えです。そして、吉田松陰という偉大な人物を生んだ萩という街の魅力を、これまで以上に世の中に広めていきたいと願っているのです。

# 第七章

# あとから来る者たちへのメッセージ

## ◉AI時代を生き抜くために求められる力

近年、AIの目覚ましい発達により、人間の仕事が次々と奪われていくという危惧が広がっています。実際に、車の運転も企業会計も医療も、既にAIが人間の代わりを務める場面が増えています。

しかし、私はこうした現実をそれほど悲観的には捉えていません。AI時代に消えていく仕事があれば、新しく生まれる仕事も必ず出てくると考えるからです。その新しい仕事に対応できる柔軟な発想力、チャレンジする勇気、そしてそれを支える自学能力が不可欠になってくると思うのです。もう一つ思うことは、AI時代には人間にしかできないことを追求すべきだということです。

私は、こうしたAI時代を生き抜くために必要な能力は、次の七つに集約されると考えています。

### 一、IT知識

ＡＩやロボット技術が増加する中で、ＩＴ知識は必須です。

**二、対人関係力**

コミュニケーションスキルは、人対人ばかりでなく、ＡＩとの協働にも不可欠です。

**三、創造力・企画力**

ＡＩにはできない新しいアイデアや企画を生み出す能力が求められます。

**四、情報収集力**

迅速な情報収集と分析は重要です。

**五、主体性**

自分の意志で選択し、行動する能力が必要です。

**六、課題解決力**

ＡＩ時代は未知の状況に直面する機会が増えると思います。その際には問題を解決するスキルが一層重要になります。

**七、感性を磨く**

創造性や人間的な視点を大切にしましょう。

最も大切なことは、その人にしかない個性や能力を生かして、自分らしい人生を創造していくことだと思います。

こうした能力を養っていく上で求められるのは、従来のような画一的な教育ではなく、自分の好きなことや個性を伸ばす教育であり、それはまさしく私どもが追求してきた自立学習によって可能になると考えます。自ら学ぶ姿勢を身につけた子どもは、唯一無二の自分の個性や能力に磨きをかけ、AI時代にも自分の可能性を信じて大きく道を切り開いていけると私は確信しています。

## ◉夢と志の違いは何だろう――人の役に立つ人間になるために

人間にはもともと向上心というものがあります。知りたい、わかりたいというのは、人間の根源的な欲求なのです。それをうまく刺激することによって、子どもたちの心には火がつき、自ら進んで勉強する自立学習の道が開けていきます。

しかし、自分はこれをやりたいという目的や、こんな人になりたいというロールモデルがなければ、心に火を点すのは難しいでしょう。子どもたち一人ひとりの心に火を点すためにも重要なのが、志教育です。

私が長年にわたる塾の経営を通じて生徒たちに願ってきたことは、

「人の役に立つ人間になってほしい」

ということです。

人にはそれぞれ個性があります。この世に生を受けた誰しもが、かけがえのない価値を持っています。徳育を通じてその価値に磨きをかけ、それぞれの個性や立場で人の役に立つ人間になってほしいのです。

私は折に触れ、教室の先生や生徒に、夢と志の違いについて話をします。大半の人が夢と志の違いを明確には認識していないのではないでしょうか。

例えば、プロ野球選手になりたい、タレントになりたい、というのは夢です。

夢というのは、自分のために掲げる願望であり、それを抱いた人が死んでしまえばそこで終わりです。

しかし、プロ野球選手になってたくさんの人に夢と勇気を与えたい、というのは志です。個人的な夢の範疇《はんちゅう》を超えて、世のため、人のために掲げるのが志だと私は考えます。

志というのは本人の腑《ふ》に落ちて初めてその人を突き動かす力になります。そして、人の役に立つ人間になろうよ、というのが志教育だと私は思っています。

## ◉志の種を蒔く

先述の通り、いまの公教育は国語、算数、理科、社会といった点数を競う横軸の学問に終始しているといえるでしょう。もちろんそれも大事ではありますが、この混迷の時代にますます求められているのは、人間学にもとづく縦軸の学問に他ならず、その縦軸の学問を通して、一人ひとりが自分の志を見出していく必要があります。

松陰先生の教えを継承する者として、私はこの志という言葉を全国に向けて発信し、次代を担う子どもたちに志を持つことの大切さを伝えていきたいと考えています。

私どもはその一環として、松陰塾®独自の作文講座「書く蔵」を通じての指導実績をもとに、全国の松陰塾®塾生を対象に毎年「志作文大会」を実施していま す。テーマに沿って四百字程度で各々の考えをまとめて提出してもらい、優秀な作文には、金賞、銀賞、銅賞を授与する他、松陰神社の上田名誉宮司直筆の御朱印を進呈するのです。二〇二三年度は「親に感謝していること」をテーマに作文を募集したところ、大変心に響く作文が多数寄せられ、金賞五名、銀賞十二名、銅賞十名という結果になりました。

二〇二四年度は「勉強する目的とは」というテーマです。

この催しに大いに賛同いただいた上田名誉宮司より「ぜひ萩市でも実施してほしい」というご依頼をいただき、二〇二四年度は萩市の教育委員会を通じて市内の小中学校にも募集案内を配布しました。この作文大会での受賞歴は、自己ＰＲの一つとして、高校入試時の学校調査書内「総合所見」欄や履歴書などへの記載内容として申請できるようになりました。こうした人間学に通じる志教育の大切さが広く認知されるようになった手応えを感じ、とても嬉しく思っています。

志を抱くことは、松陰塾®で学ぶ生徒に対してだけでなく、これから松陰塾®の運営を手がけたいと考えていらっしゃる方々への願いでもあります。先述した「四方よしの経営」を念頭に、人に役立つような仕事をしていただきたい。松陰塾®の運営を手がける方にお願いしたいことを突き詰めて言えば、この一点に尽きます。

そして、そういう志の高い人が増えていけば、日本の未来は必ずや大きく開けていくと思うのです。

終章

# 吉田松陰先生の志を継ぎ、「教育維新」の礎となる覚悟！

## ◉私はこんな方に松陰塾®の運営を託したい

世の中のためになる塾をつくりたい――。

きょうまで半世紀近くにわたり学習塾経営に携わってきた私の切なる願いです。おかげさまで、松陰塾®にはいま、ＦＣ加盟を希望する声がたくさん寄せられています。しかし、ただお金さえ儲かればよいという志の低い方には参加をご遠慮いただいています。

私が松陰塾®の運営をお願いしたいのは、志を同じくする方です。松下村塾を継承する塾という自覚を持って、縦軸の価値観にもとづいて日々自分を磨き高め、生徒を学力と人間力の両面から導いていただける方と一緒に歩んでいきたいのです。

松下村塾の教育は、志や情熱によって支えられ、吉田松陰先生と塾生が共に汗を流し、田畑を耕し、自然に触れ合いながら、共に学び前進しようという謙虚な姿勢の中で地道に行われていました。

現代に生きる私どもが松陰先生から真剣に学ぶべきものは、この「志」であり「情熱」です。現実を変える力は、志や情熱の有無にこそあります。

「紙上の空言、書生の誇る所、烈士の恥づる所なり」

議論も大切であるが、行動がなければ真の議論ではないという意味です。松陰先生のお名前を冠する私たちの塾は、日々の教室運営を通じて生徒の成長に情熱を燃やし、その営みを通じていささかなりとも世の中に貢献していく。そういう高い志を持って活動していかなければならないと私は考えるのです。

## ◉「松下陋村と雖も、誓って神国の幹とならん」

松陰塾®が存在する意義、松陰塾®がこれからの時代に果たすべき役割を、歴史に照らして考えてみましょう。

我が国は、十六世紀に西洋からやってきたポルトガル、オランダ、スペインの脅威に晒《さら》され、一五四三（天正十二）年の鉄砲伝来や一五四九（天正十八）年のキリスト教伝来など、徐々に西洋の影響を受けるようになりました。しかし、この頃の日本は戦国時代であり、世界でも有数の軍隊を率いていたため、ヨーロッパ勢は手が出せず日本は植民地化されることもありませんでした。

それから約二百五十年後、幕末の日本に新興勢力として台頭してきたアメリカ、イギリス、フランスなどが大挙して押し寄せてきました。明治維新を成し遂げ、近代化の道を歩み始めた我が国が次に求めたのは、アジアの独立国として国力を高め、日本を守ることでした。そのために必要とされた教育は、外敵から国を守るため、優れた人を選抜し、合格点をつけて国民を一定のレベルにする「一斉集団教育」でした。

翻って現代、激変の百五十年余りを経た令和の時代にまで教育慣習を引きずっている現状は、いささか時代錯誤と言わざるを得ません。

教育とは誰のために、何の目的のために行うのでしょうか。歴史を遡ってみると、戦争（そして平和の維持）と教育（人づくり）の切り離すことができない関係に気づかされます。有史以来、いまも大なり小なり紛争が絶えませんが、現在の科学技術をもって戦争に臨めば人類の生存を脅かす地球規模の被害が及びかねません。歴史的に見て、武士や兵士をつくるための教育は、終焉《しゅうえん》を迎えました。

つまり、次世代に向けた教育の目的が問われる時代になってきたのです。

ところがこの大事な時期に、小・中学校の不登校児童生徒数は先述した通り過去最多の約三十四万六千件にも上り、大きな行き詰まりを見せています。松陰塾®が、幕末の動乱期に存在した松陰先生の優れた教育法を温故知新の心で見つめ直して継承し、「現代に蘇る松下村塾」として再起動させたことは、歴史の必然であると私は考えています。そして、松陰先生から引き継いだ教育法をさらに未来に向かって役立てていくことが、私どもの志と心得ています。

ありがたいことに、松陰塾®にはいま、塾の経営を通じて世の中に貢献したいという方、これまでの教育法で満足できなかった元教師の方や他の塾の方、松陰という名前で子どもたちを導きたいという方など、志の高い方に次々と参画いただいています。我が国が直面する教育の窮状を打開するためにも、現在全国三百教室にまで広がったこの志の輪を、早急に五百教室にまで増やしたいと私は考えています。

「松下陋村《ろうそん》と雖《いえど》も、誓って神国の幹《もと》とならん」

寂しい村にある塾だが、必ず日本を支える太い幹となってみせる。吉田松陰先生が松下村塾の壁に留題《りゅうだい》した言葉です。

私もこの心意気で、志を同じくする同志と共に、新しい時代に果敢に道を切り拓いていく子どもを一人でも多く育てていきたい。そしてそのことを通じて、何とかこの停滞する教育の現状に一石を投じ、日本の未来に光を点してゆきたいと心を燃やしています。

本書をここまで読み進めてくださった志高い読者の皆さん、吉田松陰先生の志をこの令和の時代に引き継ぐ松陰塾®で、共に教育維新の渦を巻き起こそうではありませんか！

特別対談

# 人はなぜ学ぶのか
## 吉田松陰の言葉が教える人生の要諦

**上田俊成**
松陰神社名誉宮司
&
**田中正徳**
ショウイングループ会長

高杉晋作、久坂玄瑞、伊藤博文、山縣有朋……
主宰する松下村塾にて、明治維新の原動力となる
多くの志士を育てた幕末の英傑・吉田松陰。
その志はいまなお不滅の輝きを放ち、私たちを揺り動かし続けている。
明治維新胎動の地・山口県萩市に鎮座する
松陰神社名誉宮司の上田俊成氏と人生を導き、
運命をひらく英傑の生き方、言葉を紐解いてみた。

**上田俊成**（うえだ・とししげ）
昭和16年山口県生まれ。國學院大學史学科卒業。飯山八幡宮宮司、山口県神社庁長、神社本庁理事、山口県文化連盟会長、長門市文化振興財団理事長を歴任。平成15年松陰神社宮司を経て、28年より名誉宮司・顧問に。著書に『零言集』（マシヤマ印刷）の他、『熱誠の人 吉田松陰語録に学ぶ人間力の高め方』（致知出版社）などがある。

**対談は二〇二四年十月初旬、前日の荒天から一転、澄み渡った青空のもと、山口県萩市に鎮座する松陰神社立志殿で行われた。**

## ◉吉田松陰の志が結ぶ二人の縁

**田中**　上田名誉宮司とは毎月のようにお会いしていますけれども、このような改まった場で対談させていただくのは初めてですね。

**上田**　そうですね。田中会長さんと最初にお会いしたのは確か……。

**田中**　いまから十年前、二〇一四年でした。ショウイングループでは、明治維新の原動力となった志士たちを育てた吉田《よしだ》松陰《しょういん》先生の教育理念を受け継ぐ学習塾「松陰塾®」をフランチャイズ（FC）展開していることもあって、二〇一〇年から毎年全社員を連れて松陰神社に正式参拝していました。

その度に神社の境内にある、松陰先生が主宰した松下村塾《しょうかそんじゅく》を横目に見ながら、いつか建物に上がって見学したいなと思っていたのですが、二〇一四年に神社の方に相談してみたところ、「観光目的で入ることはできないけれども、宮司の講義を聴く学習目的であればよいですよ」と許可をいただきました。「それならば」ということでさっそくお願いし、上田名誉宮司にもお目に掛かり、毎年、正式参拝後に松下村塾内で講義をしていただくようになったんです。
毎回の講義は本当に学びの連続で、私から見れば名誉宮司は〝現代の松陰先生〟というべき尊敬する師であり、その教えにどれだけ導かれてきたか分かりません。

**上田**　それは言い過ぎです（笑）。でも本当に熱心に講義を聴いてくださって、感心していました。

**田中**　また、二〇一七年四月に正式参拝をした時、まさか許可いただけるとは思っていませんでしたから、軽い気持ちで松陰先生の顕彰碑を境内に建てたい旨をお伝えしました。すると、上田名誉宮司は「企画書を持ってきなさい」と真剣に受け止めてくださった。

一か月で企画書を取りまとめ、最終的に、松陰先生の門下生を中心に五十三柱《はしら》をお祀《まつ》りする松門神社の社殿へと続く約八十メートルの小道、北参道を「学びの道」と命名し、顕彰碑と二十五基の句碑（吉田松陰の言葉）を建立させていただくことになりました。顕彰碑の表には「松陰塾®」の塾名が入り、松下村塾を継承する塾としてお墨つきをいただきました。

松下村塾は国の史跡であり、二〇一五年に世界文化遺産に登録されていますから、その近くに構造物をつくるには、文部科学省などから許可を得る必要がありました。上田名誉宮司のご尽力なくしては決して実現できませんでした。

**上田**　田中会長さんは軽い気持ちとおっしゃいましたけれども、受け取る側は大真面目でした。というのは、松陰神社の本殿に繋《つな》がる参道に比べ、北参道は参拝の方があまり通らず閑散としており、予《かね》て何かよい方法はないだろうかと考えていたのです。そこに田中会長さんから素晴らしい企画をいただいたので、飛びついたわけです。

実際、記念碑と句碑に興味を持つ方は非常に多く、いまではたくさんの方が「学びの道」を通ってくださっています。さらに松陰先生の言葉はなかなか理解が難しいとのことで、田中会長さんは句碑の言葉の解説書までつくってくださった。本当に有り難い限りです。

私が思う田中会長さんの素晴らしいところは、松陰先生の教育を深く理解して松陰塾®の運営・発展に邁進《まいしん》されていると共に、素晴らしいアイデアマンであることです。「学びの道」の他にも松陰神社のために様々な提案、貢献をしてくださっている。私のほうこそ田中会長さんを大変尊敬しております。

## ◉見えない力に導かれて

**田中** 最近も、名誉宮司には様々な面でお力添えをいただいてきました。二〇二二年四月には、ショウイングループの研修センター「交友館」を萩市内に開館しましたが、敷地が二百七十平米ありましたので、何かイベントができる建物をつくれないかと考え、僭越《せんえつ》ながら「松下村塾を模築したい」と相談させていただいた。

さすがにそれはだめだと断られると思ったのですが、上田名誉宮司は快く許可してくださり、さらにミリ単位の極めて正確な実測図まで無償で提供してくださったんです。本当に感激しました。

その実測図をもとに地元の大工さんが丹精込めてつくった松下村塾の模築は、

おそらく日本で一番そっくりだと自負しています。

**上田**　なぜそこまで正確な実測図があるかというと、それこそ台風などで松下村塾が破損すれば、松陰神社にとり致命傷になるからですよ。ですから、いつでも復元できるよう専門家に精密な実測図をつくってもらっていたのです。

**田中**　また、交友館の名称は松陰先生が、いとこの玉木彦介の元服を祝して贈った「士規七則《しきしちそく》」の三大要素（三端）、「立志・択交《たっこう》・読書」の中の「択交」から名づけました。これは自分を成長させるためには、よき人、よき友と交わりなさいという意味ですが、「択交」のままだと難しいので、現代風に「交友」としたんですね。

交友館ができて以降、新入社員や新たに松陰塾®のオーナーになってくださった方には、一人も漏れなく松陰神社の正式参拝、松下村塾の模築での研修を受けてもらっています。やはり松陰先生が生まれ育った萩の空気に触れてもらうことが、当グループ、松陰塾®で働く第一歩になると思うんです。

一方、松陰先生の「択交」の教えを実践するために、上田名誉宮司に交友館の名誉館長に就任していただき、月一回、地元の方々を中心とした講話会を開催してきました。今月で二十八回を数えますが、これからもぜひ続けさせていただいて、交友館が松陰先生の教えを継承し発信していく拠点になっていくことを願っています。

**上田**　松陰先生がおっしゃる「択交」は、身近な家族や師匠、先輩・後輩だけでなく、自分の身の回りの様々な人たちとの関係を大切にしていき、さらに自分を高めるための交わりを求めていくというのが、本来の意味であると思います。あの人が好き、嫌いで交流する人を選ぶという意味では全《まった》くないんですね。

**田中**　それから交友館の建設が進んでいる最中、ある方から藩校・古明倫館《めいりんかん》の跡地を保存してくれないかとお声掛けをいただき、二〇二一年に取得、継承しました。

古明倫館は一七一九年に五代藩主・毛利吉元《よしもと》が創建し、拡大移転されるまで百三十年間、藩士をはじめ百姓や町人も広く学びました。松陰先生も十一歳の時、古明倫館で藩主への御前講義を行い、その後、約十年教鞭《きょうべん》を執った歴史的にも非常に重要な遺構なんです。

**上田**　武士に交じって庶民に聴講を許すというのは、当時としては画期的で、長州藩の懐《ふところ》の広さを感じさせます。また御前講義は正確には「親試《しんし》」といい、藩主と一対一で対面講義を行います。当時松陰先生は数え十一歳ですから、いまで言えば、小学四年生が都道府県知事に勉強を教えるようなものです。松陰先生の優秀さは幼い頃から際立っており、藩主も大変目をかけ、松陰先生も藩主に対し敬愛の情を終生持ち続けました。

**田中**　いまは離れの蔵を改装して宿泊施設「樹々庵《じゅじゅあん》」として運営していますが、とにかく重要な場所ですから、今後、松陰先生の教えを継承する場として整備していきたいと考えているところです。

あと、松陰塾®は小中学生の学習塾ですから、これを高校生にも拡大しようと、いま萩で通信制の高等学校を設立するべく取り組みを進めています。これもいろいろハードルがあり一度諦めかけたのですが、奇跡的に設立基準を満たすための千二百平米の建物を貸してくださる方が現れたんです。

交友館にせよ、古明倫館にせよ、高等学校にせよ、これはもはや自分の力では全くなく、松陰先生のお導きとしか考えられません。

**上田**　本当にその通りで、田中会長さんの志を松陰先生が応援してくださっているのだと思いますよ。

## ◉人は何のために学ぶのか

**上田**　ところで、田中会長さんはどのようなきっかけで塾を始められたのですか。きょうは松陰先生との出逢いも含め、改めてお聞きしたいと思っていました。

**田中**　私は大学卒業後、地元・福岡の住宅メーカーに就職したのですが、どうにもサラリーマンは合わないと感じて三か月で辞めたんですね。それで学生時代に携わっていた家庭教師のアルバイト経験を生かし、何か世の中の役に立つ事業ができないかと、兄が始めたばかりの学習塾に入りました。一九八〇年、二十四歳の時です。

　学習塾は、小中学生を対象にした一クラス三名の個別指導、学力別のクラス編成、オリジナル教材の使用などを売りにして始めたのですが、最初の生徒は

僅《わず》か三人。そこから、電話営業や飛び込み営業で必死に生徒を集めて、少しずつ教室を増やしていきました。

**上田**　僅か三人の生徒から、一歩一歩塾を大きくしていかれた。

**田中**　その後、講師の人件費や講師による指導力のばらつき、生徒が講師に依存して自ら学ぼうとしないなど、個別学習塾の課題を解決すべく、試行錯誤を重ねていく中で、行き当たったのが当時珍しかったコンピュータ学習でした。

そして個別学習塾の運営と同時並行しながら、ＯＥＭ（依頼元のブランドを外部委託でつくること）で、これまでのオリジナル教材をプログラミングしたコンピュータ学習システムを構築。一九九四年に、講師が教える個別学習塾から、生徒がパソコンを使って勉強するコンピュータ学習塾のＦＣ展開へ舵《かじ》を切っていきました。

結果的には、コンピュータ学習という斬新《ざんしん》さ、教育未経験者でもコンピュータを置くスペースさえあれば教室を開けるという点も手伝って、生徒も塾のオーナーも順調に増えていったんです。また一九九七年にはＯＥＭから自社開発に切り替え、学習内容、画面のデザイン性や楽しく学べる工夫など、生徒が長時間、効率よく飽きずに勉強できるよう、細部までシステムをつくり込んでいきました。

**上田**　コンピュータの活用により活路を開いていったのですね。

**田中**　ただその一方、世の中に数ある塾と同じように、単に勉強を教えるだけの塾でよいのだろうかという思いもありました。というのは、塾の生徒に「人は何のために勉強するの？」と、素朴に質問されても私は明確に答えることができず、悩んでいたからです。

そんな時、学生の頃から萩をよく訪れていたこともあって、松陰先生の著作を手に取り、「学は人たる所以《ゆえん》を学ぶなり」という言葉に出合ったんですね。つまり勉強で一番大事なことは、人として大切なことは何か、どのように生きていくべきかを知ることだと。

その言葉が心に深く突き刺さってきたことで、私は松陰先生の教えを継承・実践する学習塾をつくろうと決意し、兄から独立して松陰先生の名を冠した「松陰塾®」を設立したんです。兄も私の挑戦を応援してくれました。これが二〇〇八年、五十二歳の時でした。

## ◉基礎学力を徹底し、自立学習の種を蒔く

**上田**　とはいえ、具体的には、どのように松陰先生の教えを教育に取り入れていかれたのですか。

**田中**　これは上田名誉宮司がよくご存じのことですけれども、松陰先生の教育の特徴は、やはり一人ひとりの個性を伸ばしていく個別指導、自主性を引き出していく自立学習だと私は思うんです。

**上田**　おっしゃる通りですね。松陰先生の教育については後ほど詳しく触れたいと思いますが、塾生の一人が「余（吉田松陰）は穏やかに人を諭し、自ら悟り、自ら省みるところあらしむるように心掛くるものなり」という言葉を書き残しています。少し大げさに言えば、松陰先生はギリシアの哲学者・ソクラテスのように、一人ひとりと対話をしながら、その個性と自主性を引き出していくような教育を実践されたのでしょう。

**田中**　それで松陰先生が現代に甦《よみがえ》ったらどんな教育をするだろうかと想像しま

してね。松陰先生は筆（鉛筆）と紙（ノート）を使った勉強の基本はもちろん大切にしながら、おそらくコンピュータをうまく活用し、一人ひとりの基礎学力をしっかり養うことに力を入れていくだろうと考えました。

というのは、長年たくさんの生徒を見てきて、基礎学力ができていない子は何をやっても先に進めないし、自信もつかず落ちこぼれてしまう場合が多いからです。

**上田**　何をするにもまず基礎学力を身につけることが根本だと。

**田中**　また、これも個別学習塾の時に実感したことですが、講師に教えてもらうだけでは生徒に依存心が生まれ、インプットに偏った受け身の学習になってしまい、成績も伸びていかないいんですね。

ですから、松陰塾®では、長年教育に携わってきた経験と松陰先生の教えをもとに、「ショウイン式®自立学習システム（ショウイン式®学習法）」として、「わかるところから始める、わかるまで先に進まない、わかるまで繰り返す」の「わかるの三大法則」を定めました。そして、その法則をいままで活用してきたコンピュータ学習システム（AI-Showinシステム）に組み込んだのです。

ＡＩ－Ｓｈｏｗｉｎシステムには、例えば、ある設問が解ければ次の難易度の問題へ進み、解けなければ少し難易度の低い問題まで戻って学び直す「ステップアップ学習機能」や、間違った箇所を自動的に〝弱点〟として記録し、繰り返し復習できる「弱点チェック機能」など、三大法則を実践する様々な機能が備わっています。それらの機能によって、生徒は「わかった！」という喜びを実感しながら学習が進められ、階段を一段一段上るように基礎学力を確実につけていくことができるわけです。

**上田**　画期的なシステムですね。

**田中**　それと同時に、やはり「紙に書く」というのはすべての勉強の基本ですから、コンピュータ学習で学んだことを自分でノートにまとめる「アウトプット学習」にも力を入れていきました。ノートに書くことで情報が定着し、学習効果を引き上げることができるんです。そのため松陰塾®では、最初に鉛筆の持ち方、ノートのまとめ方を徹底的に教えています。

実際、いま全国三百教室で九千名の生徒が学んでいますが、入塾時に三十点、四十点しか取れなかった生徒が、「ショウイン式®自立学習システム」を続けることで八十点は取れるようになるんです。そして八十点取れるようになると、自然に自信がついて、やる気も高まり、学校の授業に真剣に向き合う、宿題をきちんとやるようになるなど、八十点以上取るための勉強に自ら取り組むようになっていきます。

ですから、生徒たちに八十点取れる基礎学力と自信をつけさせることで、自ら勉強する自主性、自立学習の種を蒔《ま》くのが、ショウイン式®自立学習システムの原理であり、松陰塾®の役割だと思っています。

**上田**　自立学習の種を蒔く。本当に素晴らしい教育実践ですね。

**田中**　松陰塾®は逆説的に「教えない塾」と謳《うた》っているのですが、勉強を教えるのはあくまでコンピュータ学習システムで、それぞれの教室を運営するオーナー、先生方には、時に相談に乗ったり励ましたり、生徒たちのメンタルと自立学習のサポート役に徹してもらっています。そのため、オーナーが子どもたちの指導に専念できるよう開塾前のＯＪＴ研修、開塾後の様々なフォローを行う一方、いわゆるフランチャイズのロイヤリティーはいただいていないんです。

## ◉子どもたちの徳性を涵養する

**田中**　また、松陰塾®では、私が独立するきっかけになった松陰先生の言葉、「学は人たる所以を学ぶなり」に基づき、心を養う徳育も学習の中に取り入れています。

**上田**　徳育、非常に重要ですね。

**田中**　具体的には、松陰先生の名言を掲載した小冊子『松陰塾®門下生読本』を入塾時に無料配布すると共に、それをコンピュータ学習システムにクイズ形式で組み込むことで、志を立てること、思いやりの心、親孝行、礼儀礼節などの大切さを日々の学習の中で教えています。さらに松陰先生の言葉について感想文を書いてもらい、年に一回発行の全国選抜文集「徳育・自立」に掲載し、毎年作文大会も開催してきました。

『松陰塾®門下生読本』は上田名誉宮司に監修していただき、本当に感謝しております。作文大会についても、今年から松陰神社との共催の形となり、教育委員会のご協力をいただいて、萩市の小中学校の生徒にも参加してもらえることになりました。いま届いた感想文を読んでいるところですが、萩の子どもたちは松陰先生のお膝元で育っただけあって、言葉をしっかり受け止めているなと感じます。

**上田**　萩の小学校では、昔から毎朝、松陰先生の言葉を朗誦《ろうしょう》しているのです。卒業生に聞くと、その時には意味が分からず覚えていても、歳を重ねるとだんだん理解できるようになってくると言っていました。ですから、子どもの頃に先人の言葉を覚えるというのは非常に大事なことだと思います。

## ◉囚人たちを一変させた獄中教育

**上田**　ここで、松陰先生の教育は実際にはどのようなものであったのか、生涯にも触れながら少し詳しくお伝えしたいと思います。

松陰先生は萩藩士・杉家の次男として一八三〇年に生まれ、六歳で叔父の吉田家の養子に入りました。吉田家は山鹿《やまが》流《りゅう》兵学を教える家として、藩主・毛利家に代々仕えていましたから、松陰先生も幼い頃から儒学や兵学を学んだのです。

そして養子に入った翌年に養父が亡くなったため、家督を継いだ松陰先生は、九歳で藩校の明倫館に出仕《しゅっし》し、十歳から兵学師範として教壇に上がります。十一歳で藩主に兵学の御前講義、「親試」を行ったことは冒頭にもお伝えしましたね。その後、十九歳の時に後見人から独立し、明倫館で本格的に講義を行うようになります。

しかし、松陰先生が教育者として真骨頂をいかんなく発揮していくのは、やはり野山獄《のやまごく》での〝獄中教育〟からだと私は思うのです。

**田中**　野山獄での獄中教育が松陰先生の原点に。

**上田**　よく知られているように、ペリーの黒船来航に衝撃を受けた松陰先生は、自分の目で海外の実情を確かめたいと考え、一八五四年二十五歳の時、下田に再びやって来たアメリカ艦へ乗り込み、密航を試みます。ところが、試みは失敗に終わり、自首して萩の野山獄に入れられてしまうのです。

野山獄は武士階級が入る獄なのですが、その時は既に十一名の囚人がいて、松陰先生でちょうどいっぱいになりました。その大半は借牢願いの形式で、家族が藩に頼んで入れられていました。そのため、生活の面倒は家族が見ることになっており、食事や書物などの差し入れは全くの自由でした。実際、松陰先生は獄中の約一年間で六百冊もの本を読んでいます。

ただ、松陰先生が「親戚の禁する所の者に至りては、極天《きょくてん》免期なく、痛を抱《いだ》き憤を含みて以て死せんのみ。最も哀しまざるべけんや」と記しているように、借牢願いで野山獄に入ると、刑期がなく永久に出ることができない。ですから、囚人たちは生きる望みすらない状況なわけですね。十一名の囚人の氏名と年齢、在獄年数はすべて記録に残っているのですが、一番長く入っている人で在獄四十九年、年齢は七十六歳でした。

ところが、松陰先生は、彼らに何とか望みを持たせたいという強い思いに駆られ、様々な方法で囚人たちの心を掴《つか》んでいくのです。

**田中**　そこがまた普通の人物とは違う松陰先生のすごさですね。

**上田**　松陰先生の基本は兵学者ですから、獄中でもまず相手をよく知り、相手に応じて適切な手を打っていきました。例えば、野山獄では新入りの者が先輩の囚人に食べ物などを分けるという風習があったのですが、松陰先生は家族に余分に差し入れを持ってきてもらい、それを周りの者に分け与えています。事実、小豆粥《あずきがゆ》をつくって皆で食べたと記録にあります。

他にも、体が弱い者のために医学を研究して治療法を教えたり、相互扶助のための月掛け貯金を勧めてみたり、直接皆の役に立つことを通じて、囚人たちの懐にぐんぐん入っていきました。

そうして「この男は信頼できる」となった頃、本格的に勉強会をやろうと提案し、中国古典の『孟子』などの講義を始め、これが松陰先生の代表作『講孟《こうもう》余話《よわ》』へ結実していくのです。牢番さえ松陰先生の弟子のようになり、講義に耳を傾けたと言われます。

また、自分で講義するだけでなく、書や俳句が得意な者を先生にした勉強会も開催しています。すると、生きる望みのなかった囚人たちがどんどん明るくなっていったのです。その変化を松陰先生も「愉快だ」と書き残しています。

**田中**　獄中が共に学び合い、成長していく場に一変した。

**上田**　その後、松陰先生は一年余りで杉家の幽囚室《ゆうしゅう》での謹慎《きんしん》を命じられますが、残された囚人たちの保釈運動を起こし、何と十一人中七名が保釈されます。これまで借牢願いで入った囚人が保釈されることなどあり得ませんでした。

**田中**　本当に驚くべきことです。

**上田**　そして、その獄中教育の経験が松陰先生の大きな自信となって、松下村塾での教育へと繋がっていったのだろうと思います。

## ◉人物を見抜き個性を伸ばす

**上田**　野山獄での講義が評判になり、三畳半の幽囚室で謹慎中の松陰先生のもとには、親戚や近所の若者が教えを乞《こ》いに集い、そこで中途で終わっていた『孟子』の講義などが行われました。『講孟余話』に収められた講義は全部で五十五回ですが、その約半分は獄中、半分は幽囚室で行われたわけです。

そして教えを乞う若者が増えていったため、宅地内の小舎を補修して塾舎とし、松陰先生は幽囚室から移りました。初めは八畳一間だけでしたが、四か月後に塾主と塾生の共同作業で十畳半の部屋を増築。これが、松陰神社の境内に保存されている松下村塾です。

松下村塾は松陰先生が始めたと思われがちですが、もともとは叔父の玉木文《たまきぶん》之進《のしん》が漢学塾として開塾し、その後、外叔の久保五郎左衛門の塾に名称が引き継がれ、さらにそれを松陰先生が引き継いだのです。しかしその後、松陰先生は再び野山獄に投じられ、一八五九年の「安政の大獄」によって江戸で処刑されますから、松下村塾で指導に当たったのは、僅か一年一か月の短期間に過ぎません。

**田中**　その短期間にあれだけの志士を育てたのですから、まさに奇跡としか言いようがありません。

**上田**　なぜそれができたのか。結論を先に言えば、松陰先生が「厳しく、鋭く、優しく」の三拍子をもって、溢《あふ》れんばかりの情熱で塾生一人ひとりをよく見て指導したからでしょう。松陰先生は、もちろん議論や会読など集団指導にも工夫を凝らしましたが、やはり田中会長さんがおっしゃった個別指導を重視しました。松下村塾には九十二名の塾生が通ったといわれていますが、そのうち七十八名については、様々な書き物に松陰先生による人物評が残っています。

例えば、高杉晋作《しんさく》にはこのような言葉を書き記しています。

「余嘗《かつ》て玄瑞《げんずい》を挙げて、以て暢夫《ちょうふ》（高杉晋作）を抑ふ、暢夫心甚《はなは》だ服せざりき。未だ幾《いくば》くならずして暢夫の学業暴《にわ》かに長じ、議論益々卓《ますますたか》く、同志皆為めに衽《えり》を斂《おさ》む」

高杉が入塾してきた頃、高杉と並んで松下村塾の双璧《そうへき》と言われた久坂《くさか》玄瑞を松陰先生は高く評価していました。それで「君は久坂玄瑞に比べれば学問もまだまだだ」と伝えたところ、高杉は反発して俄然《がぜん》猛勉強に打ち込み、議論もどんどんできるようになって、同志諸君も見直したというのです。

ご承知の通り、後に高杉は奇兵隊を結成して決起するなど自ら先頭に立ってドーンと前に出ていくタイプです。つまり、松陰先生はその反骨精神を見抜き、ある意味ではうまく利用したわけです。

**田中**　高杉の個性を上手に生かし、成長に繋げていったのですね。

**上田**　ええ。他にもいろいろな人物評がありますけれども、頑固さなど普通であれば短所と思われるようなところも、松陰先生は全く変えようとはしていません。むしろ短所を長所として捉えて、塾生を伸ばしていっています。ですから、松陰先生は一人ひとりの個性を捕まえて伸ばしていく一種の天才だったのだろうと思います。

## ◉松陰先生の教えを心の糧にして歩む

**田中**　いまのお話で松陰先生の教育の素晴らしさが改めて深く理解できました。ちなみに、名誉宮司はどのようなきっかけで松陰先生のことを学び始めたのですか。

**上田**　私は萩の隣町の長門《ながと》市に生まれ育ったこともあり、萩には幕末の日本を変える原動力となった傑物がいると、小さい頃から父や地元の長老に聞かされていました。しかし恥ずかしながら、長らくその程度の理解に留まっていました。

その後、神職の道に進み、長門の飯山八幡

宮の宮司や山口県神社庁の庁長などを務めていたのですが、松陰神社の宮司が九十歳を迎えられ、後継者がいないとのことで私にお声が掛かったのです。二〇〇三年、六十一歳の時でした。

そして就任後の最初の仕事の一つが、神社で頒布《はんぷ》していた『吉田松陰先生の詩文』の改訂版をつくることでした。その中で「士規七則」の解説と語釈をつくるに当たって、田中会長さんもおっしゃった「立志・択交・読書」などの言葉、教えに触れ、松陰先生の深い思索と発想に驚愕《きょうがく》したのです。

それから松陰先生の著作や遺訓を真剣に学ぶようになり、溢れる気力、旺盛な探求心、人を見抜き育てる力、常に高い志を持って至誠を貫こうとする生き方、深い憂国の情など、その魅力に引き込まれていくと同時に、自分の人生・仕事においても、松陰先生の教えを指針にするようになりました。

**田中**　例えば、どのような教えを心の糧にしていかれましたか。

**上田**　いくつか挙げますと、例えば、「強恕《きょうじょ》して行ふ、仁を求むることこれより近きはなしとは、何等《なんら》の親切の教《おしえ》ぞや」（『講孟余話』）という言葉。これは「人を恕《ゆる》し、真心から思いやるように努めることが、人の道の根本である仁を求める最も近い方法であるとは、何と親切な教えであるか」という孟子の言葉に対する松陰先生の感慨です。つまり、人を恕して自分のことのように思いやることが仁を求める出発点であると。

またそれに関係してもう一つ糧にしてきたのが、塾生の横山幾太が松陰先生について語った「凡庸《ぼんよう》人と語るにも必ず彼をして其《そ》の云《い》ふ所を終へしむるの風あり」という言葉です。つまり、松陰先生は、凡庸な人がべらべら喋《しゃべ》っていても、それを最後まできちっと聞き、さらにできるだけ多くの人に分け隔てなく接していたというのです。実際、松下村塾の入塾には身分の制限がなく、下級武士や一般庶民の子弟が多く集まっていました。

ですから、私も出逢った人を自分のことのように思いやる、なるべく多くの人と接して人の話を聞くことを心掛け、実行してきたつもりです。それが田中会長さんとの「学びの道」、二〇一六年の松陰神社崇敬会《すうけいかい》の立ち上げや二〇一八年の萩市倫理法人会の立ち上げなど、松陰先生の教えを継承し広めていくハードとソフト両面の活動に繋がったのかなと思います。

**田中**　松陰先生の教えをきちんと実践実行される。そこが上田名誉宮司の尊敬するところです。

**上田**　あとは、同じく横山幾太が語っている「（松陰先生の）授読の声凜々《りんりん》耳に徹し、必ず其の要領を示し、又《また》人をして義の在る所を尋繹《じんえき》（事の道理を研究すること）せしむ」の言葉も大好きで、私も人の前で話をする時は、「授読の声凜々耳に徹し」の如く、言葉に魂が入るよう心掛けてきました。

Ｖ－ｎｅｔ教育相談所を主宰している松永暢史《のぶふみ》会長が、「松陰の素読に気合と大和魂が籠《こも》り、その最高級の日本語が塾生たちを魅了していった」と表現しておられますが、まさに当時の塾生にとっても「授読の声凜々耳に徹し」はそういう感じだったのでしょう。

## ◉確かな志を立てるそこからすべては始まる

**田中**　私が心の糧にしてきた松陰先生の言葉といえば、よく知られている「松下陋村《ろうそん》と雖《いえど》も、誓って神国の幹《もと》とならん」です。いまは寂しい村にある塾だけれども、必ず日本を支える太い幹となってみせるという意味で、松陰先生が松下村塾の壁に留題《りゅうだい》した言葉です。

萩の地に交友館や樹々庵をつくり、これから高等学校に挑戦していくのも、まさに「松下陋村と雖も、誓って神国の幹とならん」の言葉のように、志高い方々を萩にどんどん集め、ここを中心に松陰先生の教えを全国に広め、世の中に立つ人物を一人でも多く育てていきたいという思いからなんです。

**上田**　松陰先生も、「道の精なると精ならざると、業の成ると成らざるとは、志の立つと立たざるとに在るのみ」と言っております。藩校・明倫館の一人前の師範になろうと懸命に努力していた十七歳の時の言葉ですが、並々ならぬ気迫を感じますね。やはり人の道を正しく立派に生きるかどうか、また自分の目指した学問や仕事が成功するかどうかは、まずしっかりとした志を立てることから始まるものであり、志があれば何事もできないことはないのです。

**田中**　もう一つ松陰先生の言葉で指針にしてきたのは、「机上の空論、書生の好むところ烈士《れっし》の恥ずるところなり」です。いくら先人の教えを学んでも、評論家のように議論ばかりしていては意味がありません。やるかやらないか、名誉宮司のように、教えは実践実行して初めて自分の経験になり、世の中にも貢献できるのだと思うのです。ですから、社員や松陰塾Ⓡのオーナーにも積極的に自ら実践実行し、成功体験を積んで成長していってほしいと伝えています。

そして実行のためのぶれない縦軸を養ってくれるのが、先人や歴史に学ぶことであり、『致知』が探究する人間学だと思います。

**上田**　いまの実践実行の話に関係しますが、「儒生《じゅせい》俗吏《ぞくり》安《いず》んぞ事務（時務）を知らん、事務を知る者は俊傑に在り」という松陰先生の言葉があります。時勢の情報を集め、その情報を的確に分析し、進むべき方向を迅速に定め実行できる者が優れた者であるという意味です。要するに理想ばかり追いかけてもだめで、地に足をつけていまやるべきことを着実に積み上げていくことがなければ、事は成就できないということですね。

**田中**　肝《きも》に銘じたい言葉です。

**上田**　それから、「人情は愚を貴《とうと》ぶ。益々《ますます》愚にして益々至れるなり」の言葉も多くのことを教えてくれます。人情は自然なものであり、その純粋なものは、結局は人が踏み行うべき道理と一致するものである。つまり、人間の人情は正直で愚直なほどよい、学問や知識ばかりではなく、人情こそ大事に考えなければならない。そう松陰先生は言っているのです。

あと、「学は人たる所以を学ぶなり」の言葉に続く「国の最も大なりとする所のものは、華夷《かい》の弁なり」も、いまの日本人にとってとても重要だと思います。国にとって最も大切なことは、外国との違いを明確にし、我が国が我が国である所以を忘れないことである。松陰先生がおっしゃる我が国が我が国である所以とは、万世一系の皇室の存在だということです。

欧米列強の脅威が迫りくる中、この「華夷の弁」の考え方が基本にあったからこそ、幕末・明治の先人たちは明治維新、新しい日本の国づくりができたのです。

## ◉先人の言葉が教える人生を開く極意

**田中**　今回のテーマ（月刊『致知』の特集テーマ）は「生き方のヒント」ですが、近江《おうみ》商人に「三方よし（売り手よし・買い手よし・世間よし）」という商売の鉄則があります。しかし、私はそこにもう一つ加えて「四方よし」だと言っているんですね。四つ目は何かというと、「天によし」です。

私たち松陰塾®にとって、天は松陰先生ですが、先生は萩で生まれ育ち、その魂はいま松陰神社にいらっしゃる。ですから、萩、松陰神社に貢献することはすべて「よし」としてどんどん実行していこうと。その感謝、恩返しの精神を根底に置いて行動していけば、きっとよき運と縁が重なり、奇跡が奇跡を呼んで、松陰先生の教えも松陰塾®も、もっと多くの人に広がっていくと信じているんです。

松陰塾®の教育を通じて、基礎学力をしっかり身につければどんな子でも必ず勉強ができるようになることを伝えていきたいですし、自分の持てる力を世の中のために存分に発揮し、自信を持って生きていける子どもを一人でも多く育てていきたい。その志、願いを実現するべく、これからもますます情熱を燃やしていきたいですね。

**上田**　四方よし、本当に素晴らしい「生き方のヒント」ですね。

最後に松陰先生の三つの言葉を紹介して、私が考える「生き方のヒント」としたいと思います。

まず一つには、「人賢愚《けんぐ》ありと雖も、各々一二の才能なきはなし、湊合《そうごう》して大成する時は必ず全備する所あらん」。つまり、人は賢くも愚かなるもあるとは言え、誰にでも一つや二つの才能はあるものだ、それらを集めて伸ばす努力をして成長すれば、必ず人として良い方向に備わり、立派な人間になれるであろうということです。これは、性善説に基づく松陰先生の人間観を示していると共に、大変励みになる言葉だと思います。

二つ目の言葉は、「中道の士は美質全徳以て尚《くわ》ふることなし。論ぜずして可なり」。中庸の徳を備えて踏み行う人は、優れた素質と純粋な人徳があり、つけ加えて言うこともなく、わざわざ議論するまでもないことであるという意味です。中庸の「中」は偏《かたよ》らないこと、「庸」は易《か》わらざることを表します。日本人は古来、一方に偏り過ぎない「中庸」を大事にしてきました。やはり物欲でも名誉欲でも、極端になれば人生の禍《わざわい》のもとになってしまうものです。

百四歳で亡くなられた国文学者の物集高量《もずめたかかず》さんが、百歳の時にインタビューを受け、「長生きの秘訣《ひけつ》は何ですか」という質問に「真ん中を上手に泳ぐことだ」と答えています。この「真ん中」というのは、要するに中庸のことです。

**田中**　「中庸」に生きる。まさによりよい人生を送る要諦《ようてい》ですね。

**上田**　そして三つには、松陰先生が弟子の品川弥二郎《やじろう》に送った言葉、「学問は須《すべか》らく己《おの》が真骨頭《しんこっとう》を求得《ぐとく》し、然《しか》る後工夫を著《つ》くべし」。

自分はどのような人間になるべきかをしっかり見つめ、自分の価値を十分発揮できる志を立て、その志を成し遂げていくように学んでいくことが学問である、という意味の言葉です。ただ勉強するだけではいけない。その前に自分自身を顧み、志をしっかり立てた上で行う学問、努力こそが人生を開いていくということでしょう。

私自身、この三つの言葉を心に刻み、これからも松陰先生の人生観、教育観、憂国の情をできる限り多くの人々、未来を担う子どもたちに伝承していきたいですね。

田中会長さん、素晴らしい一時をありがとうございました。

**田中**　こちらこそ貴重な学びの機会をありがとうございました。

（『致知』二〇二四年十二月号より・一部改）

筆者の紺綬褒章受章を祝して

# あとがき

学習塾を始めて早いもので四十五年目を迎えます。個人塾から他店舗展開への急成長期、悲しい造反と倒産危機、新しい船出、思い起こせば大きな波を何度も何度も乗り越えてきました。沈没寸前まで追い込まれたこともありました。しかし今振り返ってみれば、困難な状況というものは案外捨てたものではないということに気づきました。

困難を乗り切るために気持ちを入れ替え、失敗の原因を反省し、考え方や行動を変化させ、前向きにチャレンジすることで、次のステップへと進化していきました。

また困難な時期だったからこそ、師と仰ぐ二人の高僧にめぐり合うこともできました。

師事を受けることによって、本物の人格者に接し、本物を見る目が養われ、その結果人を見る物差しができたように思います。この物差しで人との付き合い方を考え、選択していくことで、良縁に恵まれ、運に恵まれ、現在の松陰塾®に繋がっていったと思います。もちろん、この大きな波をなんとか乗り越えることができたのも、家族や仲間、社員のみんな、お客様、励ましてくれた多くの関係者の皆様のお陰です。本当に感謝しかありません。この御恩に報いることが私の「志」と定め、これからはご恩返しをしていこうと考えています。


今日まで、会社名を「株式会社ショウイン」、塾名を「松陰塾®」と吉田松陰先生のお名前をお借りして事業を行い、恥じない業績を上げることが出来ました。このご恩返しとして、まず松陰先生に感謝をお伝えすることを考えました。そこで松陰先生生誕の地でもある山口県萩市へのご恩返しの活動を行うことにしました。まずは松陰神社「学びの道の整備」をはじめとし、「交友館、古明倫館による観光のお手伝い」「萩市へのご寄付」など数多くの貢献を心がけてまいりました。その結果、萩市より予期せぬことではありますが、内閣府へ推薦していただき、令和六年七月に天皇陛下より紺綬褒章拝受の栄華を賜りました。

最後に、本書執筆にあたり、致知出版社の藤尾秀昭社長、ご担当いただいた小森俊司様、編集長の藤尾允泰《さねやす》様、他致知出版社関係各位。また対談でもお世話になった松陰神社上田俊成名誉宮司、編集にも尽力していただいた上原孝之様、素敵な表紙に仕上げていただいたデザイナーの税田雄介様、高校設立に尽力していただいた豊福誠様には心よりお礼申し上げます。そして何よりも本書を手にしてくださった読者の皆様に、心から感謝の言葉を述べさせていただきます。本当にありがとうございました。

令和六年十月

ショウイングループ会長　田中正徳

〈著者略歴〉

**田中正徳**（たなか・まさのり）

ショウイングループ会長。昭和31年福岡県生まれ。福岡大学建築学科卒業。「ショウイン式®」創始者。松陰塾®FC全国300校舎、生徒数9,000名を擁する大手塾へと成長させた。一般社団法人日本語力検定協会理事長。学校法人萩明倫館高等学校理事長。著書に『松下村塾のつくりかた』『AI時代の衝撃！「教えない学習塾」成功の秘密!!』（共に海鳥社）。令和6年紺綬褒章受章。

**教えない学習塾「松陰塾®」の挑戦**

令和六年十一月二十五日第一刷発行

著　者　田中　正徳

発行者　藤尾　秀昭

発行所　致知出版社

〒150-0001 東京都渋谷区神宮前四の二十四の九

TEL（〇三）三七九六—二一一一

印刷・製本　中央精版印刷

落丁・乱丁はお取替え致します。　（検印廃止）

装幀——税田雄介
本文デザイン——スタジオファム



ISBN978-4-8009-1318-0 C0095
ホームページ　https://www.chichi.co.jp
Eメール　books@chichi.co.jp